식품 중소기업을 위한
원가 계산부터 관리까지,
핵심 가이드

식품 중소기업을 위한 원가 계산부터 관리까지, 핵심 가이드

발행일   2025년 10월 24일

지은이   노병주
펴낸이   손형국
펴낸곳   (주)북랩

출판등록   2004. 12. 1(제2012-000051호)
주소   서울특별시 금천구 가산디지털 1로 168, 우림라이온스밸리 B동 B111호., B113~115호
홈페이지   www.book.co.kr
전화번호   (02)2026-5777   팩스   (02)3159-9637

ISBN   979-11-7224-913-7 13320 (종이책)   979-11-7224-914-4 15320 (전자책)

작가 연락처 문의 ▸ ask.book.co.kr

작가 연락처는 개인정보이므로 북랩에서 알려드릴 수 없습니다.

(주)북랩 성공출판의 파트너

북랩 홈페이지와 SNS에서 다양한 출판 솔루션을 만나 보세요!

홈페이지 book.co.kr   • **블로그** blog.naver.com/essaybook   • **출판문의** text@book.co.kr
카톡채널 북랩

왜 남는 게 없을까? 현장에서 바로 써먹는 문제해결 노하우

식품 중소기업을 위한 원가 계산부터 관리까지, 핵심 가이드

노병주 지음

북랩

"신제품을 기획하고, '이 정도면 20%는 남겠지' 하며 자신 있게 출시했는데, 몇 달 뒤 장부를 보니 남는 게 하나도 없다."

식품기업 사장님들께 자주 듣는 이야기다. 매출은 늘었는데 이익은 왜 남지 않을까? 고생한 만큼 성과가 따라오지 않는 이유는 어디에 있을까?

이 책은 바로 그 문제를 해결하기 위해 쓰였다. 원가를 정확히 계산하고 관리하지 않으면, 매출이 늘어도 이익이 남지 않는다. 특히 식품 중소기업에게는 원가 관리가 더욱 절실하다. 대기업은 전산 시스템과 전문 인력을 통해 정밀한 원가 관리를 할 수 있지만, 중소기업은 인력과 시간의 한계로 인해 원가 계산을 체계적으로 운영하기 어렵다. 그래서 많은 경우 감에 의존하거나 부분적으로만 관리하는 데 그치게 된다.

실제로 많은 중소기업들이 재료비 계산은 잘한다고 생각한다. 하지만 소모성 자원이나 부자재가 누락되거나, 단가 반영이 정확하지 않은 경우가 적지 않다. 인건비와 경비는 계산이 복잡하다는 이유로 관리에서 빠지는 경우도 흔하다. 그 결과 표준원가와 실제원가 사이에 차이가 생기고, 판가와 손익은 감에 의존해 결정되는 일이 많다.

원가 계산은 처음부터 완벽할 필요는 없다. 중요한 것은 쉽게 관리할 수 있는 방법으로 시작해, 점차 정확성을 높여 가는 것이다. 이 책은 그 출발점이 될 수 있도록 설계되었다.

시중에는 식품기업, 특히 중소기업의 현실에 맞춘 원가 계산 책을 찾기 어렵다. 이 책은 저자가 지난 15년간 식품기업을 대상으로 교육과 컨설팅을 진행하며 얻은 현장의 교훈과 노하우를 바탕으로 집필되었다. 현장에서 자주 부딪히는 문제와 그 해결 과정을 담았기 때문에 독자들은 단순한 이론이 아니라 실제 경험에서 나온 실무 가이드를 얻게 될 것이다.

이 책에서는 김치 제조 과정을 예시로 삼아 재료비·가공비·포장비를 단계별로 산출하고, 이를 합산해 표준원가를 구하는 절차를 쉽게 따라올 수 있도록 정리했다. 더 나아가, 원가 관리 효율성을 높이기 위한 다양한 응용 포인트와 관리 전략도 함께 소개한다.

이 책을 통해 독자는 원가 계산을 어렵게만 생각하던 시각에서 벗어나, "이 정도면 우리도 할 수 있겠다"는 자신감을 얻게 될 것이다. 그리고 이는 단순 계산을 넘어, 회사의 가격 전략과 수익성 개선에 직결되는 관리 체계를 세우는 첫걸음이 될 것이다.

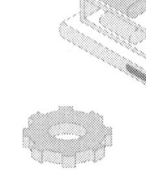

Chapter 02.

재료비 계산, 단순해 보여도 놓치기 쉬운 포인트

Chapter 03.

가공비 계산, 까다롭지만 쉽게 하는 방법

Chapter 04.

표준원가, 계산법은 기본이고 관리 노하우가 핵심이다

식품 원가,
개념을 알면
관리가 보인다

원가,
세 가지 핵심을 이해하면 충분하다

원가는 단순한 총액이 아니다

"원가는 비용의 총합이다."

정말 그럴까?

식품회사의 임직원을 대상으로 교육을 진행할 때 가장 먼저 묻는 질문이 있다. "원가란 무엇일까요?"라는 질문이다. 많은 사람이 이렇게 대답한다.

"원가란 제품을 만들기 위해 들어간 모든 비용입니다."

겉보기에는 맞는 말이다. 제품을 만들려면 재료가 필요하고, 사람도 일해야 한다. 기계를 돌리려면 전기나 수도 같은 비용도 든다. 이 모든 비용이 원가라고 생각하는 것은 자연스럽다.

하지만 이렇게 '들어간 비용을 모두 더하면 원가'라고만 이해하면 문제가 생긴다. 가장 큰 문제는 제품별 수익성을 알 수 없다는 점이다. 예를 들어 김치를 제조하는 식품회사가 있다고 하자. 이 회사는 포기김치, 총각김치, 열무김치, 백김치, 볶음김치 등 다양한 제품을 생산한다. 한 달 동안 회사를 운영하는 데 1억 원이 들었다고 가정해 보자. 이 비용 전체를 '원가'라고 보면, 한 달의 원가는 1억 원이라는 결론이 나온다. 그런데 이 1억 원 중에서 포기김치를 만드는 데 얼마를 썼고, 열무김치를 만드는 데 얼마를 썼는지를 알 수 없다. 어떤 제품이 이익을 많이 남기고, 어떤 제품이 적자인지를 판단할 수 없는 것이다.

만약 수익성이 낮은 제품을 수익성이 좋은 제품이라고 착각하면 어떤 일이 벌어질까? 예를 들어 적자가 나는 제품을 마진이 높은 제품이라 믿고, 영업팀이 열심히 홍보하고 판매량을 늘린다면 어떻게 될까? 결과는 말하지 않아도 뻔하다. 매출은 오를 수 있지만, 회사의 이익은 오히려 줄어들 수 있다. 팔수록 손해가 나는 구조가 되어 버리는 것이다.

그래서 원가는 단순히 '얼마를 썼는가'를 나타내는 숫자가 아니다. 원가는 '무엇에 얼마를 썼는가'를 파악하는 도구여야 한다. 그래야 제품별 수익성을 분석할 수 있고, 가격 전략이나 판촉 전략도 제대로 세울 수 있다.

🖩 제품 단위가 없으면 원가도 없다

실제로 식품 제조기업의 컨설팅을 하다 보면 다음과 같은 이야기를 자주 듣는다.

"우리는 김치 원가가 얼마인지 압니다. 대략 1kg당 2,500원이요."

"전체 매출은 나오니까, 대충 이익도 계산돼요."

이런 이야기는 언뜻 보면 원가를 알고 있다는 말처럼 들린다. 하지만 실제로 "어떤 김치인가요?", "포장 단위는 어떻게 되나요?", "수율은 몇 퍼센트 기준인가요?"라고 질문을 던지면, 대답이 모호해지는 경우가 많다. 이럴 때의 원가는 이미 '감'이나 '추정치'에 불과하다.

정확한 원가를 계산하려면 반드시 '대상'이 필요하다. 즉, 어떤 제품의 원가인지를 명확하게 정의해야 한다. 예를 들면, 포기김치 1kg의 원가가 1만 원이고, 같은 제품의 3kg 포장 원가는 2만 7천 원이라고 말할 수 있어야 한다. '김치 원가가 얼마다'라는 식의 추상적인 원가는 실무에 도움이 되지 않는다. 제품 단위가 정확하지 않으면, 단가는 있지만 제품별 원가는 없는 상태가 된다.

원가, 세 가지 키워드로 단순하게 본다

현장의 실무자 입장에서 원가 계산은 어렵게 느껴진다. 특히 식품 제조의 경우 수율, 청소 시간 같은 부가 작업, 수작업 공정, 제품 종류가 많은 특성 때문에 더욱 복잡하게 느껴진다. 여기에 계정과 분류, 배부 기준, 변동비와 고정비 구분까지 고려하면 원가 계산은 몇 시간씩 걸리는 일이 된다. 그래서 실무자들은 "원가는 회계팀이 알아서 하는 일이다"라며 손을 떼는 경우가 많다.

하지만 실무자도 원가 개념을 제대로 이해하고 있어야 한다. 만약 원가를 모른다면 다음과 같은 문제가 발생한다.

- 원가 정보가 왜곡되면 제품 단가와 판매 가격 결정이 잘못되어 손실이 발생할 수 있다.
- 팔수록 손해 보는 제품을 미처 발견하지 못한다.
- 생산 효율이 나빠져서 원가가 오르는데, 원인을 파악하지 못한다.
- ERP에 표시된 원가 숫자가 실감 나지 않아 믿지 못하게 된다.

이런 문제를 줄이려면 원가의 본질을 단순하게 이해할 필요가 있다. 원가를 정확히 이해하기 위해 꼭 기억해야 할 것이 있다. 그것은 바로 세 가지 키워드다. 원가를 계산할 때는 아웃풋(Output), 인풋(Input), 기준(Criteria)이라는 구조를 이해해야 한다. 이 세 가지는 원가의 뼈대이자, 실무자가 원가를 단순하게 파악하기 위한 핵심 개념이다.

아웃풋(Output): 무엇을 위한 원가인가?

원가 계산은 어떤 '대상'을 정하지 않으면 시작할 수 없다. 이 대상이 바로 아웃풋(Output)이다. 아웃풋이란 '무엇에 대한 원가인가'를 말하며, 제품의 단위와 형태를 포함한 구체적인 기준이다.

예를 들어 '김치 원가'라고만 하면 그 범위는 매우 모호하다. 어떤 김치인지, 몇 g 단위인지, 포장비는 포함되는지 알 수 없다. 따라서 아웃풋을 정의할 때는 "포기김치 1kg, 진공포장, 내포장 포함 기준"처럼 실제 판매 단위에 맞춰 구체적으로 정의해야 한다. 다른 예로 오리 제품은 단순히 '훈제오리 원가'라고 하는 대신, "훈제오리 500g,

진공포장, 납품용 규격"처럼 실제 출고 기준을 명시해야 한다.

　이처럼 아웃풋을 정확히 정의하지 않으면 계산된 원가는 수익성 분석이나 가격 결정에 바로 활용할 수 없다. 동일한 제품이라도 중량, 포장 방식, 유통 채널에 따라 원가가 달라지기 때문이다.

모든 인풋(Input): 투입 자원을 빠짐없이 본다

　원가를 정확히 이해하기 위해 두 번째로 생각해야 할 키워드는 인풋이다. 인풋은 제품을 만들기 위해 투입되는 모든 자원을 의미한다. 실무에서는 보통 원재료만 생각하기 쉽지만, 실제 인풋에는 아래와 같은 다양한 항목이 포함된다.

- 주재료: 배추, 고춧가루, 마늘 등
- 부재료: 설탕, 액젓, 후추 등
- 포장재: 용기, 비닐, 라벨, 박스
- 인건비: 작업자 인건비, 관리자 인건비
- 유틸리티: 전기, 가스, 수도
- 설비비: 감가상각, 유지 보수
- 위생비: 세척수, 소독약, 위생 장갑 등
- 외주가공비: 위탁 포장비, 검사비 등

　이처럼 인풋은 단순히 눈에 보이는 재료만이 아니라, 제품 생산에 들어가는 자원 전체를 포괄하는 개념이다. 이 중 하나라도 누락되면 계산된 원가는 실제와 달라지게 된다. 겉보기에는 원가가 낮아 보이지만, 실질적인 손익을 왜곡하게 된다.

기준(Criteria): 사용량과 단가의 원칙

원가를 정확히 이해하기 위해 마지막으로 생각해야 할 키워드는 기준이다. 원가 계산은 결국 '사용량 × 단가'라는 공식으로 이루어 진다. 이때 어떤 단위를 사용할 것인지, 어떤 가격을 기준으로 삼을 것인지가 바로 기준이 된다.

예를 들어 배추를 사용할 경우, 1포기를 기준으로 할지, 1kg을 기준으로 할지에 따라 계산 결과는 달라진다. 작업 시간이 5시간이면 인건비도 그 시간 기준으로 계산해야 하며, 그에 적용되는 시급도 명확히 정해져야 한다. 전기료나 수도료처럼 간접적으로 발생하는 비용은 공정별 시간 비율에 따라 배분해야 한다. 기준이 모호하면 사람마다 계산 방식이 달라지고, 시기마다 원가가 달라지게 된다. 이로 인해 수익성 분석이나 가격 전략 수립이 혼란스러워질 수 있다. 원가 계산은 숫자의 문제가 아니라, 기준의 문제다. 항목별 단가 기준 예시는 아래와 같다.

- 배추: 1포기 → 2.5kg 기준 환산, 단가 850원/kg 적용
- 인건비: 작업 시간 5시간, 시간당 임율 13,000원 적용
- 전기료: 생산 공정별 시간 비율에 따라 배분
- 위생 소모품: 제품 단위당 사용량 기준, 평균 소비량에 단가 적용

❖ 원가 이해의 핵심은 아웃풋·인풋·기준 세 가지다.

❖ 제품 단위를 정의하지 않으면 원가 자체가 성립하지 않는다.

❖ 모든 자원을 빠짐없이 인풋으로 반영해야 실제와 가까운 원가가 산출
   된다.

❖ 단가와 사용량 기준을 사전에 설정해야 계산이 흔들리지 않는다.

❖ 원가는 단순 비용 합계가 아니라 제품별 손익을 판단하는 지표다.

원가,
사용량과 단가의 곱이다

▦ 원가 계산은 정말 복잡할까?

"원가를 계산하려면 너무 복잡해서 잘 모르겠어요."

식품 제조업 현장에서 가장 자주 듣는 이야기 중 하나다. 특히 엑셀에 수많은 숫자와 항목이 채워져 있을 때, 실무자는 이런 생각을 하게 된다. '이걸 내가 알아야 하나?', '그냥 회계팀에서 나오는 숫자로 확인하자.' 그 순간, 원가는 '내 일이 아닌 숫자'로 밀려나게 된다.

이런 인식은 원가 계산이 공식, 분개, 배부, 고정비·변동비 같은 이론 중심의 회계 작업처럼 느껴지기 때문이다. 실제로 많은 실무자들은 원가를 회계팀만 이해할 수 있는 숫자라고 여기며, 내가 건드리면 오히려 더 복잡해질 것 같다는 부담도 느낀다.

하지만 원가 계산은 복잡한 공식의 영역이 아니다. 그 원리는 생각보다 훨씬 단순하다. 실무자가 원가 계산의 기본 구조만 이해한 다면 어떤 제품이든 원가가 어떻게 흐르고, 어디에서 이익이나 손실이 발생하는지를 스스로 판단할 수 있다.

📟 실무용 원가 계산, 공식 하나면 충분하다

회계에서 말하는 원가 계산은 재무제표 작성을 위한 정보 산출이 목적이다. 그래서 감가상각, 제조간접비 배부와 같은 복잡한 절차가 필요하다. 하지만 실무자가 궁금해하는 것은 전혀 다르다.

실무자가 알고 싶은 것은 단순하다. 특정 제품을 만들었을 때 실제로 얼마가 들었는지, 이 제품을 얼마에 팔아야 손해를 보지 않는지, 수율이 낮아졌을 때 원가가 얼마나 올라가는지 알고 싶을 뿐이다.

이런 질문에 답하려면 복잡한 회계 공식보다 더 직관적인 계산 방식이 필요하다. 그 해답은 우리가 초등학교 때 배웠던 사각형 면적 공식에 있다.

사각형 면적은 가로 곱하기 세로다. 이 공식을 원가 계산에 그대로 대입하면 된다. 가로 대신에 사용량, 세로 대신에 단가로 용어를 대체하는 것이다. 이 둘을 곱하면 제품 원가가 나온다.

제품을 생산할 때 원가가 발생하는 이유는 간단하다. 무언가를 사용했기 때문이고 사용한 자원에는 가격이 정해져 있기 때문이다. 결국 원가란 얼마나 썼고, 그게 얼마였는지를 곱한 값이다.

⬚ 세 가지 원가 요소, 같은 공식으로 계산한다

이제 식품 제조에서 가장 기본적인 세 가지 원가 항목인 재료비, 인건비, 경비를 앞서 설명한 공식, 즉 '사용량 × 단가' 구조가 어떻게 적용되는지 살펴보자. 각각의 항목은 계산 방식은 다르지만, 모두 같은 원리로 이해할 수 있다.

- 재료비는 제품 생산에 실제로 투입된 원재료의 양과 단가의 곱이다.

  재료비 = 소비량 × 단가

  예를 들어 배추를 1,000kg 사용했고, 단가가 800원/kg일 경우 재료비는 아래와 같다.

  재료비 = 1,000kg × 800원 = 800,000원

- 인건비는 작업자가 투입된 시간과 시간당 급여(임율)의 곱으로 계산한다.

  인건비 = 작업 시간 × 시간당 임금(임율)

  예를 들어 A 직원이 5시간 작업했고, 시간당 임율이 15,000원인 경우 인건비는 아래와 같다.

  인건비 = 5시간 × 15,000원 = 75,000원

- 경비는 설비, 전기, 수도 등과 같은 공통 간접 비용을 시간 기준으로 배분한 것이다.

  경비 = 작업 시간 × 경비율(시간당 경비)

  예를 들어 김치 포장 공정에 5시간이 소요되었고, 시간당 경비율이 10,000원이라면, 경비는 아래와 같다.

  경비 = 5시간 × 10,000원 = 50,000원

이렇게 보면 재료비, 인건비, 경비는 모두 사용량과 단가를 곱하는 방식으로 계산된다. 복잡해 보이는 원가도 결국 구조는 같다. 무엇을 얼마나 사용했고, 그것이 얼마였는지를 파악하면 원가는 계산할 수 있다.

🖩 실무에서 놓치기 쉬운 원가 계산

실무에서 원가를 계산할 때, 자주 발생하는 착각이 있다. 가장 흔한 예는 구매량과 투입량을 혼동하는 경우다. 예를 들어 "오늘 500kg 김치를 만들었고, 배추를 700kg 샀으니, 재료비는 700kg입니다."라고 말하는 경우가 있다. 하지만 이는 잘못된 계산이다.

재료비는 구매한 양이 아니라 실제로 투입한 양을 기준으로 계산해야 한다. 700kg을 구매했더라도 200kg은 냉장고에 남아 있다면, 실제로는 500kg만 원가에 반영해야 한다. 따라서 이 경우의 재료비는 500kg × 단가가 된다.

인건비도 마찬가지다. "이번 달 직원 월급이 2백만 원이니까 제품에 그대로 넣으면 되겠죠?"라는 생각도 흔하다. 하지만 정확한 인건비 계산은 월급 전체가 아니라, 해당 제품 생산에 투입된 시간 기준으로 계산해야 한다. 직원이 160시간 중 20시간만 해당 제품에 투입되었다면, 그 시간에 해당하는 인건비만 반영해야 한다.

이처럼 잘못된 기준으로 계산하면 단가는 높아지거나 낮아지게 되고, 결국 제품의 수익성 판단이 왜곡될 수 있다.

핵심 요약 정리

❖ 원가 계산은 복잡한 수식이 아니라, '사용량 × 단가'라는 단순한 곱셈 구조다.

❖ 재료비, 인건비, 경비 모두 같은 방식으로 계산할 수 있다.

❖ 실무에서는 구매량이나 월급 전체가 아니라, 실제 투입된 양과 시간 기준으로 계산해야 한다.

❖ 원가가 어렵게 느껴진다면 사각형 면적을 구하듯이 계산하자. 이 직관이 원가의 본질이다.

원가,
구조와 용어를 이해해야 보인다

📟 원가, 어디까지 포함해야 할까?

원가 계산을 하다 보면 실무자들 사이에서 비슷한 질문이 반복된다. "이건 원가에 들어가나요?", "직원 식대는 인건비로 처리해야 하나요?", "전기료는 경비 맞죠?", "물류비도 포함해야 하는 건가요?" 이런 질문이 계속 나오는 이유는 단순히 회계 지식이 부족해서가 아니다. 그보다는 회사 내부에서 원가의 구조가 명확히 정리되지 않았기 때문이다. 다시 말해, 무엇이 원가에 포함되는가에 대한 기준이 사람마다 다르기 때문이다.

실제로 컨설팅 현장에서는 같은 회사 안에서도 회계팀, 생산팀, 영업팀이 서로 다른 원가 개념을 쓰고 있는 경우를 자주 본다. 생산팀은 "배추와 인건비가 원가죠."라고 말하고, 회계팀은 "전기료와 감가상각도 넣어야죠."라고 말한다. 영업팀은 "그럼 판촉비는 왜

빠지나요?"라고 반문한다.

이처럼 서로 다른 기준이 뒤섞이면 같은 제품의 원가를 두고도 서로 다른 숫자가 나오게 된다. 결국 누구도 그 숫자를 정확하다고 믿지 못하는 상황이 벌어진다.

그래서 원가 계산의 출발점은 언제나 구조와 용어를 명확히 정의하는 것에서 시작해야 한다.

원가 항목과 포함 범위, 단위 기준과 배분 방식까지 모두 사전에 정리되어 있어야 혼란이 없다.

📟 원가 계산, 구조부터 이해하자

제품별 원가를 계산하려면 가장 먼저 전체 원가가 어떻게 구성되어 있는지를 파악해야 한다. 이 구조가 머릿속에 그려지지 않으면 각 항목이 어디에 속하는지 헷갈리게 되고, 결국 계산된 원가가 회사의 실제 상황을 제대로 반영하지 못하게 된다.

예를 들어, 생산 공장에서 사용하는 포장재는 재료비에 포함해야 할까? 만약 그 포장재가 최종 소비자에게 전달되는 제품의 일부라면 재료비에 포함해야 한다. 하지만 물류 과정에서 잠시 사용되고 버려지는 운송용 포장이라면 재료비에서 분리해 관리하는 것이 타당할 수 있다. 이처럼 같은 항목이라도 제품에 포함되는 방식이나 시점에 따라 원가 반영 여부는 달라질 수 있다. 따라서 구조가 없으면 판단 기준이 흐려지고, 원가가 혼란스러워질 수밖에 없다.

이런 혼란을 막기 위해서는 먼저 원가의 큰 틀부터 이해해야 한다. 식품기업이 제품을 생산하고 시장에 판매하기까지 들어가는 모든 비용을 통틀어 총원가라고 한다. 이 총원가는 크게 두 가지 범주로 나뉜다. 하나는 제품을 생산하는 데 직접적으로 들어가는 비용인 제조원가고, 다른 하나는 제품을 판매하거나 회사를 운영하는 데 들어가는 간접 비용인 판매관리비다.

쉽게 말해, 공장 안에서 발생하는 비용은 제조원가고, 공장 밖에서 발생하는 비용은 판매관리비로 보면 된다. 이 구조를 먼저 이해해야 이후에 제조원가를 재료비, 인건비, 경비의 세부 항목을 나누고, 어떤 비용이 어느 항목에 속하는지를 구분할 수 있다. 원가 계산은 숫자보다 구조가 먼저다. 구조가 명확하면 계산은 자연스럽게 따라온다.

제조원가, 세 가지 구성 요소

제품을 실제로 만드는 데 들어가는 제조원가는 다시 세 가지 항목으로 나눌 수 있다. 바로 재료비, 인건비, 경비다.

재료비는 제품을 만들기 위해 사용된 모든 원재료와 포장재의 비용이다. 예를 들어 김치를 만든다면 배추, 고춧가루, 마늘 같은 주재료는 물론, 내포장 필름, 스티커 라벨, 외부 박스 같은 포장 자재도 여기에 포함된다. 단, 이 자재들이 최종 제품과 함께 소비자에게 전달되는 경우에만 해당된다. 운송 중 일시적으로 쓰이고 폐기되는 자재는 재료비에 포함되지 않는다.

인건비는 제품 생산에 참여한 사람들의 급여와 수당, 4대 보험료 등 사람의 노동 관련 비용 전반을 말한다. 김치를 절이거나, 포장하거나, 세척하는 작업자들이 대표적인 대상이다. 생산 현장에 투입된 인력뿐 아니라 현장을 관리하거나 품질을 검사하는 간접 인력도 인건비 항목에 포함된다. 직접 인건비는 제품을 만드는 데 직접 관여한 작업자의 비용이고, 간접 인건비는 현장을 지원하거나 관리하는 인력의 비용이다. 직접 인건비와 간접 인건비를 나누어 관리하는 경우도 많다.

경비는 재료비와 인건비 외에 생산과 관련된 모든 기타 비용을 의미한다. 전기료, 수도료, 가스비처럼 공장을 운영하는 데 필수적인 유틸리티 비용부터, 설비 감가상각비, 세척용 세제, 위생 장갑 같은 소모품까지 모두 포함된다.

이 세 가지 항목은 제조원가의 기본을 구성하며, 제품 원가를 계산할 때 반드시 기준에 맞춰 구분하고 반영해야 한다.

제품 생산 외에도 드는 비용

판매관리비는 제품을 판매하고 회사를 운영하기 위해 들어가는 비용을 말한다. 이 비용들은 제품 하나를 생산하는 데 직접적으로 쓰이지는 않지만, 회사가 정상적으로 운영되기 위해 반드시 필요한 간접 비용이다.

판매관리비에는 다음과 같은 항목이 포함된다. 영업사원의 급여, 판촉비, 광고비, 샘플비, 운송비 등은 제품을 판매하기 위한 비용이다. 회계팀, 인사팀, 대표이사 급여, 사무실 임차료 등은 회사를 운영하기 위한 관리 비용이다. 이러한 항목들은 생산 공장 밖에서 발생하며, 대부분 일정하게 유지되는 고정성 비용이기도 하다.

판매관리비는 제조원가와 구분해서 관리해야 한다. 두 항목이 혼합되면 제품 단가가 과도하게 부풀려질 수 있고, 반대로 중요한 운영 비용이 누락되어 수익성 분석이 왜곡될 수도 있다. 그래서 실무에서는 제조원가와 판매관리비를 명확히 나누어 계산하는 것이 기본이다.

실제 현장에서는 같은 항목을 어디까지 포함할지, 어떤 이름으로 부를지에 따라 혼란이 생기곤 한다. 그래서 원가 관리를 시작할 때 가장 중요한 것은 구조와 용어를 통일하는 것이다.

핵심 요약 정리

❖ 원가의 구조는 '총원가 = 제조원가 + 판매관리비'라는 큰 틀로 시작된다.

❖ 제조원가는 제품을 만드는 데 들어간 재료비, 인건비, 경비로 구성된다.

❖ 판매관리비는 제품 생산 외에 회사 운영과 판매에 필요한 비용으로, 별도로 관리되어야 한다.

❖ 각 항목은 정확한 정의와 용어 통일을 바탕으로 관리되어야 실무자 간 혼란을 막고 원가 정보를 실제 경영 판단에 활용할 수 있다.

❖ 원가 계산은 숫자보다 구조와 용어를 먼저 맞추는 일에서 시작된다.

원가는 숫자가 아니라
경영의 언어다

원가는 회계팀만 알아야 할까?

현장에서 교육이나 컨설팅을 하다 보면 이런 말을 자주 듣게 된다. "원가는 회계팀에서 계산하는 거 아닌가요?", "저희는 매출이 더 중요해서 원가는 자세히 몰라도 괜찮습니다."

이런 반응은 자연스럽지만, 그 안에는 중요한 오해가 숨어 있다. 원가는 회계 부서만 알아야 할 전문 지식이 아니라 회사 전체가 알아야 할 핵심 정보다. 회사는 단순히 매출을 올리는 것으로 운영되지 않는다. 수익을 내기 위해서는 매출뿐 아니라 원가 구조와 흐름도 함께 이해해야 한다.

원가를 모른 채 일해도 업무는 돌아간다. 하지만 수익은 파악하지 못한다. 적자가 나는 제품을 수익성이 높다고 착각한 채 판촉을 하면, 매출은 늘지만 이익은 줄어든다. 이런 상황은 실제로 많은 기업에서 반복되고 있다.

원가는 숫자가 아니라 경영의 언어다. 제품 전략, 가격 책정, 판촉 방향, 생산 효율까지 모든 경영 판단은 결국 원가라는 기준 위에서 이뤄진다. 따라서 원가 정보는 회계팀만의 것이 아니라 생산팀, 영업팀, 기획팀, 심지어 대표이사까지 함께 이해하고 공유해야 할 회사의 공통 언어다.

원가는 숫자가 아니라 경영의 나침반이다

많은 실무자들이 원가를 단순한 숫자로 여긴다. 마치 회계 장부에 적혀 있는 수치 중 하나로 생각하거나, 재무제표를 위한 참고 정보로만 받아들이는 경우가 많다. 하지만 원가는 단순한 계산값이 아니다. 원가는 경영 판단의 방향을 정하는 기준이자, 회사의 자원이 어디에 쓰이고 있는지를 보여 주는 나침반이다.

기름이 얼마나 남았는지 모른 채 비행기를 띄울 수는 없다. 원가를 모른다는 것은 연료량을 모른 채 비행 계획을 짜는 것과 같다. 매출은 올라가는데도 이익이 줄어드는 경우, 그 원인은 대부분 원가 구조를 제대로 파악하지 못한 데 있다.

원가 정보는 전략 수립, 가격 결정, 생산 계획, 투자 판단 등 모든 의사 결정의 출발점이 되어야 한다. 단순히 계산하는 숫자가 아니라 회사가 어디로 가고 있는지를 보여 주는 지표이기 때문이다.

실무자가 원가 정보를 반드시 알아야 하는 이유

실무자는 제품을 만들고, 가격을 책정하고, 판매 전략을 세운다. 그 모든 의사 결정의 배경에는 반드시 원가 정보가 있어야 한다. 원가를 모르면 전략은 감에 의존하게 되고, 이익은 운에 맡기게 된다. 다음과 같은 이유 때문에 원가 정보가 필요하다.

첫째, 원가는 제품 가격 결정의 기준이 된다. 원가를 모르면 얼마에 팔아야 손해를 보지 않는지 알 수 없다. 시장 가격이나 경쟁사 가격만 따라가다 보면 알게 모르게 손해를 보는 구조가 만들어질 수 있다. 정확한 원가를 알면, 가격 결정이 더 이상 감이 아니라 계산이 된다.

둘째, 원가는 수익성 분석의 핵심이다. 판매량은 높은데도 이익이 나지 않는 제품이 있다면 그 원인을 파악하는 데 원가 정보가 필요하다. 어떤 재료비가 높아졌는지, 인건비가 과도하게 들어가는지, 포장 단위나 유통 방식에 문제가 있는지를 따져 봐야 한다.

셋째, 원가는 원가 절감 전략 수립의 출발점이다. 단순히 비용을 줄이기보다는, 어디에 비효율이 있는지를 구조적으로 파악해야 실질적인 개선이 가능하다. 수율이 낮은 원재료, 반복 작업이 많은 공정, 비효율적으로 배분된 간접비 등은 모두 원가 구조 안에서 드러난다.

넷째, 원가는 경영 의사 결정의 기준이 된다. 어떤 제품의 홍보를 확대할지, 어떤 제품 생산을 축소할지, 외주 공정을 확대할지, 신규 설비를 도입할지 같은 결정은 결국 원가 정보 없이는 판단할 수 없다.

원가는 단순한 숫자가 아니다. 실무자에게는 수익을 만들기 위한 기준이고, 회사의 경영 전략을 움직이는 핵심 정보다.

원가 기준이 불명확할 때의 리스크

원가 정보를 몰라도 당장에는 문제가 없어 보일 수 있다. 하지만 시간이 지나면 실무 곳곳에서 예상치 못한 손실이 발생하고, 그 원인을 찾기 어려워진다. 원가를 모른 채 일하면, 수익은 계획이 아니라 우연에 맡겨지게 된다.

한 반찬 제조기업에서는 영업팀이 대형 유통업체와의 거래를 확대하고 있었다. 경쟁사보다 저렴한 단가를 제안하며 납품 계약을 체결했고, 매출도 빠르게 증가했다. 하지만 몇 달 후, 회사는 매출이 늘어났는데도 전체 수익이 줄어들고 있다는 사실을 인지하게 되었다.

조사 결과, 영업팀이 기준으로 삼았던 원가는 재료비, 포장비, 인건비 등을 포함해 작성된 단가였다. 하지만 감가상각비, 간접 인건비와 같은 비용 항목의 배분 기준이 잘못 설정되어 있었고, 그 결과 실제원가와는 차이가 큰 수치가 제시되었다. 결국 제시된 납품 단가는 실질 원가보다 낮았다.

이로 인해 해당 제품은 팔릴수록 손해가 발생했고, 그 사실을 뒤늦게 파악한 회사는 유통업체와의 가격 조건 조정이나 제품 전략 수정까지 검토해야 했다. 초기에는 매출 증가가 긍정적인 신호처럼 보였지만, 원가 기준의 오류가 손익 악화로 이어진 대표적인 사례였다.

이처럼 원가 기준이 명확하지 않으면 가장 위험한 상황은 '잘되고 있다고 믿는 것'이다. 실적은 오르는데 이익은 줄고, 단가를 낮췄지만 손해인지도 모른 채 계속 납품하게 되는 상황이 반복될 수 있다.

수익성을 높이는 원가 관리 포인트

원가는 회계팀이 알아서 관리하는 숫자라고 생각하는 경우가 많다. 그러나 이는 절반만 맞는 말이다. 회계팀은 외부 이해관계자에게 회사의 재무 상태를 알리기 위해 회계 원가를 정리한다. 하지만 회사 내부의 운영 전략을 수립하기 위해 필요한 것은 제조원가다. 제조원가는 제품별 수익 구조를 파악하고, 생산 효율을 개선하며, 가격 전략을 결정하기 위한 언어다. 따라서 원가는 회계팀만의 숫자가 아니라, 경영진과 생산, 영업, 구매 등 모든 부서가 공유해야 할 경영 언어다.

또 하나 오해는 "매출이 오르면 이익도 오른다"는 생각이다. 실제로는 매출이 늘어났는데도 수익이 줄어드는 경우가 발생한다. 이는 제조원가의 구조가 무너져 있거나, 판매 단가 결정에 필요한 원가 정보가 제대로 반영되지 않았을 때 발생한다. 이익을 높이려면 단순히 매출 규모만 보지 말고, 제품별 수익 구조와 제조원가 구성 요소별 금액과 비율을 확인하여 전략을 수립해야 한다.

회사의 궁극적인 목표는 수익성을 높이는 것이다. 이를 달성하기 위해서는 원가 절감이 반드시 필요하다. 중요한 것은 단순히 원가를 줄이는 것이 아니라, 어떤 영역에 집중해야 효과가 큰지를 파악하는 일이다. 또한 개선 활동을 진행했다면, 얼마만큼의 원가 개선 효과가 발생했는지 수치로 관리해야 한다. 원가 절감은 막연히 비용을 줄이는 활동이 아니라, 목표를 정하고 개선 포인트를 선택하고 그 결과를 관리하는 체계적인 활동이다. 그래야만 원가 정보가 실제 경영 판단으로 이어지고, 회사의 수익성 향상에 기여할 수 있다.

핵심 요약 정리

❖ 원가는 단순한 숫자가 아니라 경영 판단을 위한 언어다.

❖ 회계팀의 회계 원가는 외부 보고용이지만, 내부 운영 전략에는 제조원가가 필요하다.

❖ 제조원가는 제품별 수익구조 파악, 생산 효율 개선, 가격 전략 수립에 활용되는 핵심 정보다.

❖ 매출이 늘어나도 수익이 줄어드는 경우가 발생한다. 매출 규모보다 수익 구조와 제조원가 요소별 비율을 확인해야 한다.

❖ 수익성을 높이기 위해서는 원가 절감 활동이 필요하다. 집중할 영역과 개선 효과를 수치로 관리해야 한다.

❖ 원가 정보는 목표 설정, 개선 포인트 선택, 성과 관리까지 이어질 때 비로소 회사의 수익성 향상에 기여할 수 있다.

무엇을 위한 원가인가?
기준이 답이다

기준이 없으면 원가는 달라진다

"계산할 때마다 원가가 달라진다"는 하소연은 식품기업 실무자들에게서 자주 듣는 이야기다. 예를 들어, 어떤 달에는 포기김치 1kg 원가가 2,400원으로 나왔는데, 다음 달에는 2,800원이 산출되기도 한다. 또는 같은 제품인데 작업 방식이 바뀌거나 담당자가 달라졌다는 이유로 원가가 크게 달라지기도 한다.

이런 혼란은 단순한 계산 실수가 아니다. 대부분 '기준'이 명확하지 않아서 생기는 문제다. 원가 산출에서 무엇을 기준으로 삼을 것인지 정하지 않으면, 계산 시점·담당자·방법에 따라 결과가 달라질 수밖에 없다. 즉, 기준이 없으면 원가는 재현성(reproducibility)을 갖지 못하고, 언제든 달라질 수 있는 불안정한 숫자에 불과하다.

📱 원가 계산, 수식보다 기준이 먼저다

많은 기업들은 원가 계산을 위해 엑셀 공식부터 만들기 시작한다. 투입량을 입력하고, 단가를 곱하고, 계산식을 만들어 정리한다. 겉으로는 정교한 계산처럼 보이지만, 기준이 흔들리면 아무리 복잡한 수식도 소용이 없다.

원가 계산의 기준은 단순한 형식이 아니라 "무엇을, 어떤 단위로, 어떤 방식으로 계산할 것인지"에 대한 공통된 약속이다. 예를 들어, 배추의 단가를 '포기 기준'으로 할 것인지 '킬로그램 기준'으로 할 것인지, 작업 시간을 '총 근무시간 기준'으로 할 것인지 '실제 투입공수 기준'으로 할 것인지가 명확히 정해져야 한다.

이 기준이 없다면 계산된 원가는 현실을 반영하지 못한다. 수치는 가득하지만 실무에는 쓸 수 없는, '비현실적인 숫자'만 남게 된다. 따라서 원가 계산은 기술이나 수식이 아니라, 기준을 먼저 정립하는 것에서 출발해야 한다.

📱 원가 계산 기준이란 무엇인가?

원가 계산 기준은 계산에 필요한 기초 데이터와 방식에 대한 내부 규정이다. 실무에서는 다음과 같은 항목들이 대표적인 기준이 된다.

- 제품 단위 기준

  - 원가 계산의 대상이 되는 단위를 어떻게 설정할 것인가?
  - 예: 1kg 기준, 납품용/소매용 구분, 내포장 포함 여부 등

- 원재료 단가 기준

  - 단가는 실매입가로 할 것인가, 평균가로 할 것인가?
  - 예: 월별 평균가, 52주 이동평균가, 계약 단가 등

- 작업 시간 및 임율 기준

  - 작업 시간은 어떤 기준으로 측정할 것인가?
  - 시간당 인건비는 정규직 기준, 외주 기준 중 어떤 것을 쓸 것인가?

- 경비 배부 기준

  - 전기료, 수도료, 감가상각비 등은 어떤 방식으로 제품별 배분할 것인가?
  - 예: 작업 시간 기준, 생산량 기준, 설비 가동 시간 기준

- 수율 기준

  - 배추 100포기를 투입했을 때 김치는 몇 kg이 표준인가?
  - 예: 최근 생산 평균, 최적 수율, 6개월 이동 평균 등

이런 기준이 명확하지 않으면 계산자마다 해석이 달라지고, 결과도 달라지게 된다.

📟 기준 부재가 만든 혼란 사례

실제 현장에서는 기준 부재가 여러 가지 문제를 낳는다.

제품 단위나 계산 기준이 제각각이면 수익성 분석이 불가능하다. 어떤 제품이 이익이 높은지 비교할 수 없고, 가격 전략이나 마케팅 의사 결정에 필요한 근거가 사라진다.

또한 담당자가 바뀔 때마다 계산 기준이 달라진다. 기준이 문서화되어 있지 않으면 새 담당자가 자신의 방식대로 원가를 계산하고, 그 결과 동일한 제품의 원가가 부서마다 다르게 나온다.

그리고 부서마다 해석이 다르다. 회계팀은 표준원가 기준으로, 생산팀은 실제 투입 기준으로, 영업팀은 물류비까지 포함해 계산하는 경우가 있다. 이런 상황에서는 원가가 경영 언어가 아니라 부서 간 충돌의 원인이 된다.

한 조미김 제조업체의 사례를 살펴보자. 매달 제품별 원가를 다시 계산했는데, 같은 '조미김 3g 소포장' 제품의 원가가 500원에서 720원까지 들쭉날쭉했다. 이유는 기준이 제각각이었기 때문이다.

- 김 사용량을 정확히 측정하지 않고 감으로 입력
- 인건비는 작업자 수 기준으로 임의 계산
- 포장재는 어떤 달은 매입가, 어떤 달은 평균가 사용
- 전기료는 어떤 달은 포함, 어떤 달은 제외

대표이사는 회의에서 이렇게 말했다.

"도대체 이 숫자들을 어떤 기준으로 믿을 수 있나?"

이후 이 업체는 다음과 같은 '원가 계산 기준표'를 만들어 기준을 통일했다.

원가 계산 기준표 작성 사례

항목	기준 내용	산정 방식	비고
김 단가	3개월 평균	주간 단가 수집 기준	매월 갱신
작업 시간	공정별 기준 시간	라인 작업자 기준	성수기·비수기 동일
인건비 임율	14,000원/시간	정규직 기준	외주 인건비 별도 처리
포장재 단가	계약 단가	입고 수량 기준	부자재 포함
전기료 배부	작업 시간 기준	설비 가동 시간 기준	월별 총액 기준

이후 원가는 ±5% 범위 내에서 안정화되었고, 부서 간 수익성 분석과 가격 전략 수립이 가능해졌다.

실무자는 기준표를 반드시 준비해야 한다

원가 계산 기준은 머릿속에만 있어서는 안 된다. 누구나 쉽게 확인하고, 부서 간 공유할 수 있도록 '기준표' 형태로 문서화되어야 한다.

- 기준표가 있으면 담당자가 바뀌어도 일관된 결과를 도출할 수 있다.
- 기준표가 없으면 매번 새로 계산해야 하고, 방식이 달라져 원가가 흔들린다.
- 기준표는 부서 간 협업의 언어다. 회계팀·생산팀·영업팀이 각자 다른 방식으로 원가를 해석하면 같은 제품도 다르게 계산되지만, 기준표가 있으면 같은 숫자로 대화할 수 있다.

정확한 원가 관리는 복잡한 계산 기술이 아니라, 기준을 얼마나 일관되게 유지·관리하는가에 달려 있다. 계산보다 먼저 기준을 세우는 것이 원가 계산의 시작이다.

핵심 요약 정리

❖ 원가 계산에서 가장 중요한 출발점은 '계산 기준'이다.

❖ 기준이 없으면 시점·담당자·부서에 따라 원가가 달라지고, 신뢰할 수 없는 숫자가 된다.

❖ 제품 단위, 단가 방식, 작업 시간, 경비 배부, 수율 등 주요 기준은 반드시 정리돼야 한다.

❖ 기준이 없으면 실무 혼란이 발생하지만, 기준표를 문서화하면 원가가 안정화되고 부서 간 협업이 가능하다.

❖ 원가 관리는 수식이 아니라, 기준을 얼마나 일관되게 유지·관리하느냐에 달려 있다.

중소기업에 맞는
현실적 원가 관리 도구

시스템보다 중요한 건 현장에 맞는 방식

많은 식품기업 실무자들이 "ERP 같은 시스템 없이는 원가 관리가 불가능하지 않을까?"라는 질문을 던진다. ERP, MES, 회계 시스템은 일정 규모 이상 기업에 유용하지만, 중소식품기업에게 반드시 정답은 아니다.

식품 제조업은 기업마다 제품군, 공정 방식, 단위 체계가 제각각이다. 범용 ERP를 그대로 적용하면 현장과 맞지 않는 경우가 많다. 특히 수율, 다품종 소량 생산, 계절변동, 내포장·외포장 구분 같은 식품 특수성을 일반 시스템에 반영하기 어렵다.

결국 중소기업은 시스템을 도입했어도 주요 기능을 쓰지 않거나, 엑셀과 병행하는 이중 관리를 해야 하는 경우가 많다. 또한 현장 인력 한 명이 여러 업무를 맡는 상황에서는 복잡한 시스템을 사용하지 않으려 한다.

📠 먼저 해야 할 일은 기준과 기록

중소식품기업이 원가 관리를 잘하려면 시스템보다 먼저 기준을 세우고 데이터를 기록하는 구조를 만드는 것이 중요하다. 기준이 없거나 기록이 없다면 아무리 고급 시스템을 도입해도 껍데기에 불과하다.

원가 관리의 출발점은 도구가 아니라 항목과 기준을 명확히 정리하고, 그 기준에 따라 데이터를 꾸준히 쌓아 가는 것이다. 복잡한 소프트웨어가 없어도 재료비·인건비·경비를 기준대로 집계하기만 해도 의미 있는 수익성 분석 체계를 만들 수 있다.

예를 들어, 제품별 표준원가를 엑셀로 정리하고, 매월 생산량과 투입 비용을 기록하면 단가 인상이나 절감 포인트를 쉽게 파악할 수 있다. 시스템이 없어도 기준과 기록만으로 시작하는 것이 가장 현실적인 첫걸음이다.

📠 중소기업 원가 관리 도구, 엑셀부터 시작한다

중소식품기업이 원가 관리를 시작할 때 가장 실용적인 도구는 엑셀이다. ERP나 MES가 없어도 제품별 원가를 계산하고, 생산 실적을 기록하며, 월별 수익성을 분석하는 데 충분하다.

엑셀의 강점은 유연성과 접근성이다. 누구나 바로 사용할 수 있고, 필요에 따라 항목을 조정하거나 확장할 수 있다. 회계팀뿐 아니라 생산·영업 부서도 함께 활용할 수 있다.

중요한 것은 엑셀을 쓰는 것이 아니라, 입력과 분석이 가능한 단순한 구조를 만드는 것이다. 양식을 복잡하게 만들면 현장에서 외면당하므로 최소 항목만 정리된 구조가 효과적이다.

예를 들어, 제품별 기준 단가와 수율을 정리한 표, 월별 생산량과 작업 시간을 기록하는 간단한 수익성 분석표만 있어도 원가 흐름을 진단할 수 있다. 엑셀은 중소기업이 바로 실천할 수 있는 현실적 출발점이다.

고도화된 시스템은 기준과 기록이 정착된 후에

시스템이 무용하다는 뜻은 아니다. 기업이 일정 규모 이상으로 성장하고, 제품 수가 많아지고, 공정이 복잡해지거나 자동화 설비가 늘어날 경우에는 보다 정밀하고 통합된 원가 관리가 필요해진다.

이럴 때는 ERP, MES, POP 같은 시스템의 도입이 필요할 수 있다. 하지만 그런 시스템이 제대로 작동하기 위해서는 반드시 선행되어야 할 것이 있다. 바로 기초 체력이다. 여기서 말하는 기초 체력이란, 정해진 기준에 따라 데이터를 기록하고 관리할 수 있는 기본 역량을 말한다.

기준도 없이, 데이터도 누적되지 않은 상태에서 시스템만 도입하면 결국 시스템 안에 입력되는 숫자도 신뢰할 수 없게 된다. 이럴 경우, 시스템은 오히려 더 많은 혼란과 비용을 유발할 뿐이다. 시스템을 제대로 쓰기 위해선 현장에서 정확한 단위, 수율, 작업 시간, 단가 등의 기준이 잡혀 있어야 하고, 그 기준에 따라 일정 기간 이상 데이터를 축적해 본 경험이 있어야 한다.

중소식품기업 입장에서 시스템 도입은 '목표'가 아니라 '도구'다. 기초가 없다면, 그 어떤 시스템도 효과를 발휘하지 못한다. 현장의 원가 관리 역량이 준비된 다음에야, 시스템은 비로소 제대로 작동할 수 있다.

엑셀 양식, 기본부터 만들어야 한다

엑셀로 원가 관리를 시작하려면, 가장 먼저 해야 할 일은 복잡하지 않으면서도 지속 가능한 양식을 갖추는 것이다. 원가 계산은 매달 한 번 분석하고 끝나는 작업이 아니라, 꾸준히 반복적으로 관리하고 비교해야 하는 업무이기 때문이다.

복잡한 수식과 구조는 오히려 실무자가 접근하기 어렵게 만든다. 정작 중요한 것은 데이터가 쌓이고, 비교가 가능하며, 실제 의사 결정에 활용될 수 있는 구조를 만드는 것이다. 그렇기 때문에 처음부터 시스템처럼 완벽한 양식을 만들기보다는 간단하지만 실용적인 항목을 중심으로 구성하는 것이 좋다.

실무자가 엑셀을 활용해 원가 관리를 시작할 때는 다음과 같은 네 가지 양식을 우선 정리하는 것이 효과적이다.

- 제품별 기준 정보표

  - 제품명, 규격, 포장 단위, 내포장·외포장 포함 여부, 기준 수율 등을 정리하는 표다. 이 표는 이후 모든 원가 계산의 기준이 되며, 제품 단위의 정의가 모호해지는 일을 막아 준다.

- 표준원가 계산표

  - 제품 1개당 또는 1kg당 재료비, 인건비, 경비를 계산한 표다. 계산 기준은 앞서 정한 기준 정보를 바탕으로 하고, 평균 단가 또는 계약 단가, 공정별 작업 시간, 경비 배부 기준 등이 포함된다.

- 생산 실적 기록표

  - 매일 또는 주간 단위로 생산량, 작업 시간, 투입 인원 등을 기록하는 표다. 이 데이터는 나중에 실제원가 분석이나 공정 효율성 비교에 활용될 수 있다.

- 월별 손익분석표

  - 제품별 매출과 원가를 비교하고, 수익률 또는 손익 기여도를 확인할 수 있는 구조의 요약표다. 최소한 매달 한 번 이 표를 업데이트하면 어떤 제품이 수익을 내고 있고, 어떤 제품이 문제를 일으키는지를 파악할 수 있다.

이 네 가지 양식은 모두 엑셀 수준에서 충분히 만들 수 있으며, 한 번 만들어 두면 현장의 여러 부서가 공유하거나 함께 관리할 수 있다. 복잡한 시스템 없이도, 엑셀이라는 단순한 도구로 실질적인 원가 관리 체계를 세울 수 있다.

중요한 것은 한 번만 쓰고 끝나는 양식이 아니라, 현장에서 반복

적으로 작성하고 활용할 수 있는 실용성 중심의 양식이라는 점이
다. 이런 양식이 누적되고 관리되기 시작할 때, 중소식품기업의 원
가 관리는 비로소 체계라는 이름을 갖게 된다.

핵심 요약 정리

❖ 중소식품기업은 고도화된 시스템보다 기준 설정과 기록 관리가 우선
  이다.
❖ 식품기업은 공정과 제품 구조가 다양해, 범용 ERP가 현장과 맞지 않는
  경우가 많다.
❖ 엑셀은 가장 현실적인 원가 관리 도구며, 중요한 것은 복잡한 설계가 아
  니라 지속적으로 입력·관리하는 구조다.
❖ 제품 기준표, 표준원가표, 실적표, 손익표 등 4대 기본 양식만으로도 원
  가 관리를 시작할 수 있다.
❖ 시스템은 목표가 아니라 도구며, 기초 체력이 없는 상태에서 도입하면
  오히려 혼란을 키운다.

표준원가와 실제원가,
왜 다르고 어떻게 활용할까?

원가 계산, 숫자가 아니라 기준이 다를 수 있다

식품기업 실무자들이 원가 계산을 하면서 자주 헷갈리는 개념 중 하나가 바로 표준원가와 실제원가의 차이다. 둘 다 '제품의 원가'를 계산하는 방식이지만 계산 방법도, 쓰임새도, 해석도 많이 다르다.

어떤 부서는 "이 제품 원가는 2,500원입니다."라고 말하고, 다른 부서는 "그건 기준이고, 실제로는 2,900원이 나왔어요."라고 답한다. 전자는 평균 단가와 기준 수율을 적용한 표준원가였고, 후자는 최근 배추 단가 상승과 수율 저하를 반영한 실제원가였다. 심지어 영업팀은 이 둘의 차이를 모른 채, 표준원가에 마진만 더해 납품 단가를 제시하는 경우도 있다. 이처럼 기준이 다르면 같은 제품의 원가도 다르게 나올 수밖에 없다.

표준원가는 기준이고, 실제원가는 결과다

표준원가는 미리 정해 둔 기준에 따라 계산한 원가를 의미한다. 어떤 원재료 단가를 쓸지, 어떤 수율과 작업 시간을 기준으로 삼을지 정한 후, 그 기준값들을 조합해 산출하는 수치다. 그래서 실무에서는 '기준 원가' 또는 '표준원가'라는 용어로 통칭하며, 제품 원가를 예측하거나, 납품 단가를 설정하거나, 수익성 시뮬레이션을 할 때 사용된다.

예를 들어 배추 단가는 최근 3개월 평균 단가를 기준으로 정할 수 있고, 수율은 과거 생산 평균 78%, 작업 시간은 공정 기준 시간인 0.5시간, 경비율은 시간당 12,000원으로 설정할 수 있다. 이처럼 일정한 기준을 사전에 정해 놓고 계산하는 원가가 바로 표준원가다.

반대로 실제원가는 실제 생산 과정에서 투입된 자원을 바탕으로 산출된다. 이번 주에 배추를 950원/kg에 구매했고, 수율이 71%였으며, 작업 시간도 0.65시간이 소요되었다면, 그 기준에 따라 다시 원가를 계산하게 된다. 이때는 기준이 아니라 현장에서 발생한 실적 수치를 그대로 반영하는 것이 핵심이다.

즉, 표준원가는 사전에 정한 기준값에 따라 계산한 원가이고, 실제원가는 실제 데이터를 바탕으로 산출된 결과값이다. 두 원가 모두 중요하지만, 용도와 성격이 다르기 때문에 혼동해서는 안 된다. 표준원가는 계획과 시뮬레이션, 목표 수익률 계산 등에 유용하고, 실제원가는 실적 분석, 공정 개선, 원가 절감 평가에 더 적합하다.

한 반찬 제조업체에서는 영업팀이 대형 유통업체와 거래 협의를 하면서 표준원가 2,700원 기준으로 납품 단가를 3,000원으로 설정했다. 하지만 이후 생산팀이 실제 데이터를 바탕으로 계산한 결과, 해당 제품의 실제원가는 3,150원이었다. 작업 시간이 길어졌고, 수율도 기준보다 낮았기 때문이다.

그 결과, 이 회사는 팔수록 손해를 보는 구조에 빠졌고, 계약 변경을 요청하려 했지만 이미 거래처와의 신뢰에 타격을 입은 상황이었다.

이 사례처럼 표준원가만을 근거로 중요한 의사 결정을 내리면, 실제와의 차이가 커졌을 때 즉각적인 대응이 어렵다. 특히 단가 인하 압력이 심한 유통 납품 거래에서는 이런 원가 정보의 오판이 치명적인 손실로 이어질 수 있다.

이러한 상황을 방지하려면 표준원가 설정 후 실제원가와의 차이를 반드시 검토해야 한다. 반복적으로 GAP이 크게 발생한다면, 단순한 오차가 아니라 표준원가 설정 기준이 현실과 맞지 않는 것일 수 있다.

현장에서 어떻게 활용할까?

실무자는 반드시 표준원가와 실제원가를 분리해 관리해야 한다. 두 수치를 동일한 구조로 관리하면서 차이를 비교해야 그 GAP을 분석하고 개선 방향을 찾을 수 있다.

예를 들어, 아래와 같이 간단한 비교표를 만들 수 있다.

항목	표준원가 기준	실제원가 기준
배추 단가	800원/kg (평균)	950원/kg (실제 구매가)
수율	78%	71%
작업 시간	0.5시간	0.65시간
경비	12,000원/시간	12,000원/시간

이렇게 나란히 비교하면 실제원가가 왜 높게 나왔는지, 그 원인이 어디에 있었는지를 명확히 파악할 수 있다. 이런 차이를 수치로만 비교하지 말고, 그 원인을 찾아 개선하는 활동으로 연결해야 한다.

GAP을 줄이는 것이 원가 관리의 핵심이다

두 원가의 차이를 분석하는 작업은 단순 비교로 끝나선 안 된다. GAP이 발생했다면 그 원인이 원재료 단가의 급등인지, 수율 저하인지, 작업 시간 증가인지를 구체적으로 분석해야 한다. 예를 들어 재료비가 차이의 70% 이상을 차지했다면, 해당 원재료의 계약 단가 조정, 대체재 검토, 발주 방식 개선이 필요할 수 있다.

또한 수율이 지속적으로 표준보다 낮게 나오고 있다면, 표준 수율 자체가 비현실적일 가능성을 의심하고 실제 수율 평균값을 기준으로 재조정하는 것이 좋다.

이런 분석과 피드백을 반복할수록 표준원가와 실제원가 사이의 GAP은 점점 줄어들게 되고, 원가 정보는 신뢰 가능한 의사 결정 도구가 된다.

표준원가는 방향을 알려 주는 지도고, 실제원가는 도착한 위치를 보여 주는 기록이다. 실무자는 이 두 가지를 모두 가지고 있어야 한다. 그리고 그 둘의 차이를 끊임없이 점검하고 좁혀 가는 것이 원가 관리의 본질적인 실무 활동이다.

핵심 요약 정리

❖ 표준원가는 정해진 기준값 기반의 계획 원가, 실제원가는 실적 데이터를 기반으로 한 실행 결과 원가다.

❖ 두 원가는 용도와 계산 기준이 다르므로 반드시 분리해 관리해야 한다.

❖ 표준원가를 설정한 뒤 실제원가와의 차이를 분석하고, 표준값이 현실 데이터와 맞는지 주기적으로 검토해야 한다.

❖ GAP이 반복되면 수율, 작업 시간, 단가 등의 기준을 조정하고 관리 방식을 개선해야 한다.

❖ 원가 관리의 핵심은 두 원가의 차이를 줄이고, 그 정보를 가격 전략·수익성 분석 등 경영 판단에 활용하는 것이다.

제품 원가 계산,
왜 52주 이동평균이 답인가?

원가 계산, 시간만 들이면 되는 일이 아니다

"제품별 원가 계산, 다음 달까지 끝내 주세요."

식품기업에서 자주 듣는 말이다. 신제품 단가를 정하거나, 기존 제품의 수익성을 확인하고 싶을 때 대표는 빠르고 명확한 원가 정보를 원한다. 이해할 수 있는 요구다.

하지만 이 말을 들은 실무자는 속으로 막막해진다. '생산량도 매주 다르고, 배추 가격도 수시로 바뀌고, 이번 달엔 외주 작업자가 많았고…. 이걸 어떻게 정리하지?'

대표는 "한 달 안에 끝내자"고 말하지만, 실무자는 "이건 시간이 걸리는 일"이라며 고개를 젓는다. 그렇다면 식품기업의 제품 원가 계산은 정말 단기간에 끝낼 수 없는 일일까? 정답은, 그렇다. 그리고 그럴 수밖에 없다.

식품기업 원가 계산이 오래 걸리는 이유

다른 업종에 비해 식품 제조는 변동성이 크고, 변수도 많다. 특히 다음 세 가지는 식품기업 원가 계산이 단기간에 불가능한 구조적 이유가 된다.

계절에 따라 원재료 가격과 수율이 달라진다

예를 들어 배추는 여름과 겨울의 가격 차이가 크다. 수율도 다르다. 여름 배추는 수분이 많아 절임 후 무게 손실이 크고, 겨울 배추는 단단해서 수율이 높다. 즉, 단가도 다르고, 로스율도 다르다. 한 달 치 데이터를 기준으로 원가를 계산하면 그 결과는 계절 특성이 반영되지 않은 일시적 착시일 수 있다.

성수기/비수기에 따라 작업 인건비가 달라진다

명절처럼 물량이 급증하는 시기에는 외부 작업자가 대거 투입된다. 반면 비수기에는 정규직 중심으로 적은 인원이 운영된다. 이때 인건비는 단순히 시간당 금액이 아니라, 투입 인력 구성과 작업 효율에 따라 달라진다.

설비 가동률에 따라 경비가 달라진다

식품 생산설비는 가동률이 낮으면 단위당 경비가 높아지고, 생산량이 많아지면 오히려 단가가 낮아진다. 공정 구성이나 생산 캘린더가 주마다 다르면 같은 제품이라도 경비가 달라지는 구조다.

이처럼 식품 제조는 계절성, 인력 운영, 설비 활용에 따라 동일 제품이라도 원가가 매우 유동적으로 바뀐다.

단기 데이터는 '왜곡된 원가'를 만든다

실무에서는 종종 이렇게 묻는 경우가 있다. "이번 달 생산한 김치 원가로 단가 기준을 잡으면 안 되나요?" 혹은 "이번 주 생산한 기준으로 원가 좀 잡아 주세요." 겉보기엔 타당한 요구처럼 보인다. 실제로 생산된 데이터가 있으니, 그 수치를 가지고 바로 단가나 마진을 계산하자는 생각이다.

하지만 이 질문에는 중요한 함정이 있다. 단기 데이터를 기준으로 원가를 정하면, 그 숫자는 순간적인 상황을 반영한 '일시적 원가'일 뿐이다. 이 수치를 그대로 표준원가나 손익 판단 기준으로 삼으면 왜곡된 판단이 내려질 가능성이 매우 크다.

예를 들어 이번 달은 배추 도매가가 폭등했던 시기였다면, 원재료비가 과도하게 부풀려진 원가가 나올 수 있다. 또는 성수기여서 설비 가동률이 높고 작업자 효율이 좋아졌다면, 인건비가 평소보다 낮게 계산되어 비정상적으로 낮은 원가가 산출될 수도 있다.

이런 단기 수치를 기반으로 제품 수익성을 판단하거나 가격을 결정한다면 판단이 왜곡될 위험이 크다. 원가는 단기 수치가 중요한 것이 아니라, "얼마나 신뢰할 수 있는 기준을 바탕으로 계산했는가"가 더 중요하다. 단기 데이터는 참고용으로만 활용되어야 하며, 제품 단가나 수익성 전략 수립에는 사용을 지양하는 것이 안전하다.

해답은 '52주 이동평균'이다

이처럼 계절성, 생산량, 설비 가동률 등 변동성이 큰 식품 제조 환경에서는 한두 달의 단기 데이터를 가지고 제품의 표준원가를 결정하는 것이 매우 위험할 수 있다. 이 문제를 해결하기 위한 가장 현실적이고 안정적인 접근 방식이 바로 52주 이동평균이다.

52주 이동평균이란, 최근 1년(52주) 동안의 데이터를 기준으로 평균을 계산하고, 매주 새로운 데이터를 반영해 평균값을 갱신해 가는 방식이다. 예를 들어, 9월 1주차라면 작년 9월 2주차부터 올해 9월 1주차까지의 52주 데이터를 가지고 각 항목(원재료 단가, 수율, 작업 시간, 경비율 등)의 평균값을 계산한다. 그리고 다음 주가 되면 가장 오래된 주차 데이터를 제거하고, 가장 최근 데이터를 포함하여 다시 평균을 산출한다. 이처럼 데이터 집합이 매주 한 칸씩 이동하며 평균이 갱신되기 때문에 '이동평균(moving average)'이라는 이름이 붙는다.

이 방식의 핵심은 단기 변동을 완화하면서도 최신 흐름은 반영할 수 있다는 점이다. 단순한 연간 평균은 최근 가격 변동을 반영하지 못하고, 1~2개월 평균은 계절성 효과를 제거하지 못한다. 반면 52주 이동평균은 과거와 현재를 균형 있게 반영한다.

그렇다면, 왜 52주여야 할까?

52주 이동평균이란 단순히 1년이라는 기간이 마음에 들어서 선택된 것이 아니다. 식품 제조업이라는 특수한 환경에서 현실적인 평균값을 구하기 위해 반드시 필요한 기간이기 때문이다.

가장 큰 이유는 계절성이다. 식품기업은 1년 동안 계절에 따라 완전히 다른 재료 단가, 수율, 생산성 구조를 경험한다. 배추만 해도 여름과 겨울 가격 차이가 크게 나고, 김장철이나 명절 시즌에는 물량과 인건비 구조가 평소와 완전히 달라진다. 만약 이런 특수 시기를 포함하지 않은 단기 평균만 가지고 원가를 계산한다면, 그 결과는 실제 경영 판단에 사용할 수 없는 '왜곡된 숫자'가 될 수 있다.

52주 평균은 이런 계절성을 모두 반영한다. 김장철, 여름 성수기, 명절 시즌, 장마철, 비수기 등 1년 동안 발생하는 다양한 원가 변동 요인을 하나도 빠짐없이 평균 안에 포함시킨다. 그래야만 단가와 수율, 공수와 경비율의 현실적인 평균값이 나올 수 있다.

또한 52주라는 기간은 단기 급등락에 좌우되지 않고, 장기 흐름에 기반한 안정적인 의사 결정을 가능하게 해 준다. 만약 최근 4주만 기준으로 삼는다면, 특수 상황(배추값 폭등, 설비 고장, 외주 투입 등)이 평균값을 과도하게 왜곡할 수 있다. 하지만 52주 평균은 이런 일시적 충격을 흡수하고, 전체 경향성을 유지하면서도 최신 흐름을 반영할 수 있는 유연성을 가진다.

결국 52주 이동평균은 장기 흐름과 계절 변동을 함께 반영하면서도, 매주 최신 데이터를 갱신해 가는 '살아 있는 기준'이라 할 수 있다. 식품기업처럼 유동성이 높은 산업에서는 이 방식이 가장 실용적이고 신뢰도 높은 원가 기준이 된다.

실무에서는 아래와 같은 단계로 적용하는 것이 좋다.

- 1단계: 주요 품목의 단가, 수율, 공수, 경비율을 매주 기록한다

- 2단계: 52주 데이터를 기반으로 평균값을 산출하고 표준원가를 설정한다

- 3단계: 매월 실제값과 비교하여 원가 차이 분석을 수행한다

- 4단계: 표준원가 기반으로 손익 분석과 가격 전략을 수립한다

핵심 요약 정리

❖ 식품기업은 계절성, 수율, 인건비, 경비 등 다양한 변수로 인해 단기 데이터만으로는 원가 판단이 왜곡될 수 있다.

❖ 52주 이동평균은 이런 변동을 반영하면서도 장기적 흐름을 안정적으로 보여 주는 원가 관리 기준이다.

❖ 단기 데이터는 수시로 흔들리지만, 52주 평균은 신뢰성 있는 장기 추세를 제시한다.

❖ 원가 분석과 가격 전략 수립은 반드시 52주 데이터를 기반으로 해야 한다.

수율, 원가 계산의 핵심 변수

왜 수율이 중요한가?

원가를 정확히 계산하려면 단순히 투입한 양과 금액만 계산해서는 안 된다. 재료비, 인건비, 경비 등 모든 항목은 단위 제품 기준으로 환산되어야 하며, 이때 반드시 필요한 개념이 바로 수율이다.

수율이란 투입된 자원에 대해 실제로 완제품으로 나오는 비율을 의미한다. 예를 들어 배추 100kg을 투입했을 때 실제로 김치로 포장되는 양이 85kg이라면, 이때 수율은 85%가 된다. 이 수율을 기준으로 하지 않으면 각종 원가 항목을 단위 제품에 제대로 배분할 수 없고, 결국 계산된 원가는 현실과 동떨어진 수치가 된다.

특히 식품기업처럼 손질, 절임, 세척, 숙성 등 공정 로스와 불량이 빈번한 제조 구조에서는 수율의 영향이 단순한 보조 지표가 아니라 원가 정확도를 좌우하는 핵심 기준이 된다.

📟 공정별 수율 측정의 한계

이론상으로는 공정별 수율을 측정하면 가장 정밀한 원가 계산이 가능하다. 예를 들어 김치 제품을 기준으로 보면 다음과 같다.

- 세척 후 중량 변화
- 절임 후 로스
- 양념 배합 시점의 흡수량
- 포장 시점의 최종 중량

이와 같이 단계별로 측정해 수율을 따로 관리하면 정확한 공정별 원가 계산이 가능하다.

하지만 현실은 다르다. 중소식품기업에서는 공정마다 계량 설비를 두는 것이 어려운 경우도 있고, 작업자마다 공정의 편차가 크며, 불량률도 상황마다 다르게 발생한다. 이러한 환경에서 공정별 수율을 실시간으로 측정하고 관리하는 것은 사실상 불가능에 가깝다. 오히려 이런 시도는 실무자를 압박하거나 원가 계산 자체를 포기하게 만드는 원인이 되기도 한다.

📟 현실적인 수율 관리 방법

수율은 정밀하게 측정하는 것보다 일관된 기준으로 관리하는 것이 훨씬 더 중요하다. 실제로 강의나 컨설팅에서도 다음과 같이 조언하고 있다.

"원가 계산 목적이라면, 공정별 수율은 몰라도 된다. 인풋(투입된 자원 비용)과 아웃풋(완제품 창고 입고량)만 파악하면 된다."

이 방식의 핵심은 단순하다.

- 인풋: 배추, 양념, 포장재, 인건비, 경비 등 모든 투입된 자원의 총합
- 아웃풋: 최종적으로 창고에 입고된 완제품 수량(kg 또는 개수 기준)

이 두 값을 기준으로 하면 자연스럽게 전체 로스, 불량, 공정 손실이 포함된 수율이 도출되고, 그 수율을 기준으로 단위 제품 원가를 나눌 수 있다.

이 방식은 정확도 측면에서 약간의 오차가 있을 수는 있지만, 실무 적용성과 관리 편의성 측면에서는 가장 효율적인 수율 관리 방식이다. 특히 월별 또는 분기별 평균 수율을 기준으로 정리하면 공정 개선 전후의 수율 변화, 제품별 수익성 추이도 쉽게 파악할 수 있다.

수율을 실무에 적용할 때는 다음과 같은 방식이 가장 효과적이다.

- 제품별 인풋 대비 아웃풋 수율을 매월 또는 분기별로 기록한다.
- 아웃풋은 ERP나 입고 전표 기준의 완제품 창고 입고량을 기준으로 한다.
- 수율 기준표를 만들어 제품별 평균 수율을 고정하고, 계산식에는 해당 수율을 반영하여 원가를 산출한다.
- 새로운 제품은 파일럿 생산 후 몇 주간의 평균 수율을 기준값으로 설정한다.

이렇게 수율을 기준화하고 관리하면, 정확하지 않아도 일관성과 현실성을 갖춘 원가 관리 체계를 구축할 수 있다.

재료비 계산,
단순해 보여도
놓치기 쉬운 포인트

재료비, 어디까지가 포함될까?

재료비, 왜 혼란스러운가?

식품 제조 현장에서 가장 자주 나오는 질문 중 하나가 바로 "이건 재료비에 들어가나요?"다. 소금은 재료비인가, 경비인가? 물은 재료비로 봐야 할까, 단순 소모성 경비일까? 포장재는 어디까지 재료비로 인정해야 할까? 현장에서 이런 질문이 반복되는 이유는 재료비의 범위와 정의가 명확하지 않기 때문이다.

재료비는 원가의 기본 요소 중 하나로, 식품기업에서 가장 큰 비중을 차지한다. 그만큼 관리가 중요하지만, 기준이 모호하면 담당자마다 다르게 해석하고 기록한다. 어떤 사람은 "먹는 것만 재료비"라고 말하고, 다른 사람은 "공정에 들어가는 건 모두 재료비"라고 한다. 또 어떤 부서는 "돈이 실제로 지출되었느냐"를 기준으로 구분하기도 한다. 그 결과, 같은 제품을 두고도 계산자가 누구냐에 따라 원가가 달라지고, 수익성 분석도 들쭉날쭉해진다.

이처럼 재료비의 범위가 불분명하면 원가 계산은 흔들릴 수밖에 없다. 기준이 모호한 상태에서는 ERP나 엑셀에 아무리 정교한 수식을 만들어도 결과값은 신뢰할 수 없는 숫자가 된다. 따라서 가장 먼저 필요한 것은 "재료비란 무엇인가"를 분명히 정의하는 일이다.

재료비, 정의와 범위를 다시 보자

재료비란 제품 생산에 직접 투입되어 소비자에게 최종적으로 전달되는 자원의 비용을 말한다. 단순히 공장에 들어온 모든 자재의 값이 아니라, 완제품의 구성 요소로 남아 소비자에게 함께 전달되는 것만이 재료비다.

식품기업에서는 보통 재료비를 네 가지로 구분한다.

첫째, 주재료다. 이는 제품의 핵심 성분으로서 품질과 맛을 결정하는 주요 원료다. 김치를 예로 들면 배추와 고춧가루, 마늘, 생강 등이 주재료다. 만두라면 밀가루와 돼지고기, 김치, 두부 등과 같은 속 재료가 여기에 해당한다.

둘째, 부재료다. 주재료에 비해 양은 적지만 맛과 향, 색을 더해주는 보조적인 재료들이다. 설탕, 참기름, 후추, 액젓 같은 것들이 대표적이다.

셋째, 포장재다. 소비자에게 전달되는 과정에서 제품을 담거나 보호하는 용기, 필름, 라벨, 박스 등이 이에 속한다. 중요한 점은 운송 중 잠시 쓰였다 버려지는 운송용 자재가 아니라, 소비자에게 전달되는 최종 포장 자재만을 포함한다는 것이다.

넷째, 외주가공비다. 일부 공정을 외부 업체에 위탁할 때 발생하는 비용인데, 외주 단가 안에는 원재료, 인건비, 경비가 모두 포함되어 있다. 이 경우 단가 전체를 재료비로 처리하는 것이 원칙이다.

반면, 공장으로 원재료를 들여오는 운송비, 설비 유지에 쓰이는 소모품, 기계 세정에 사용되는 세제, 작업자의 인건비 등은 재료비가 아니다. 이들은 경비나 인건비로 분류된다. 결국 재료비는 완제품 속에 포함되어 소비자에게 전달되는 자원의 비용이라는 점을 잊지 말아야 한다.

재료비, 먹는 것과 버리는 것으로 나뉜다

재료비를 가장 단순하고 직관적으로 이해하는 방법은 "입으로 들어가는 것과 쓰레기통으로 들어가는 것"으로 나누는 것이다. 식품 기업에서 생산하는 모든 자원은 결국 두 가지로 귀결된다. 소비자가 섭취하는 것과 소비자가 버리는 것이다.

입으로 들어가는 것은 곧 재료비다. 소비자가 먹게 되는 원재료는 주재료든 부재료든 모두 재료비에 속한다. 배추, 고춧가루, 참기름, 설탕, 두부, 돼지고기, 심지어 국물에 들어가는 물까지 최종 제품에 남아 소비되는 것은 모두 재료비다.

반대로 쓰레기통으로 들어가는 것은 포장재다. 플라스틱 용기, 진공 포장 필름, 종이 박스, 라벨 스티커는 결국 소비자가 제품을 열어 먹는 순간 쓰레기통으로 들어간다. 따라서 이들은 재료비지만, 그 성격은 주재료와는 달리 '버려지는 재료비'라고 할 수 있다.

이 단순한 구분법은 현장에서 재료비를 이해하는 데 큰 도움을 준다. 복잡한 회계 기준을 몰라도, "이 자원이 소비자의 입으로 들어가나, 아니면 쓰레기통으로 가나"만 생각하면 재료비 여부를 쉽게 판단할 수 있다.

소금·물, 사용 목적이 기준이다

재료비 구분에서 가장 많이 혼란을 주는 자원이 바로 소금과 물이다. 두 자원은 거의 모든 식품에서 사용되지만, 사용 목적에 따라 재료비가 되기도 하고 경비가 되기도 한다.

예를 들어 절임용 소금은 배추를 절이는 데 쓰이고, 세척 과정에서 대부분 씻겨 나간다. 최종 제품에는 남지 않으므로 경비로 보는 것이 타당하다. 반면 양념에 들어가 최종 제품에 남는 소금은 소비자가 섭취하므로 재료비로 분류한다. 같은 소금이지만 사용 목적에 따라 달라지는 것이다.

물도 마찬가지다. 세척용이나 절임 후 헹굼용 물은 제품에 남지 않고 사라지므로 경비다. 하지만 국물로 사용되는 물, 장류를 희석하는 물처럼 제품에 포함되어 소비자가 섭취하는 물은 재료비다.

이처럼 자원의 성격보다 사용 목적이 재료비 여부를 결정한다. 따라서 기업은 내부적으로 명확한 원칙을 세워 두어야 한다. 그래야 담당자가 바뀌어도 누구나 같은 기준으로 원가를 계산할 수 있다.

원칙적으로는 자원의 사용 목적에 따라 재료비와 경비를 명확히 나누는 것이 이상적이다. 하지만 현장에서 모든 소금을 절임용과 양념용으로, 모든 물을 세척용과 국물용으로 구분해 기록하기는 쉽지 않다. ERP나 엑셀 입력 과정에서도 자칫 누락되거나 잘못 반영되는 일이 자주 발생한다.

따라서 더 중요한 것은 항목을 얼마나 세밀하게 나누었는가가 아니라, 누락 없이 어딘가에 반드시 반영하는 것이다. 소금 사용량을 절임용 70%, 양념용 30%로 나누어 배분할 수 있다면 가장 바람직하다. 그러나 이런 데이터가 없거나 관리가 어렵다면, 전체를 하나의 항목으로 묶어 재료비나 경비 중 한쪽으로 일관되게 반영하는 것도 괜찮다. 핵심은 어느 쪽이든 빠짐없이 원가에 포함시키는 일관성이다.

이렇게 하면 세밀함은 조금 부족할 수 있어도 관리 효율성과 속도가 높아지고, 제품별 원가가 크게 왜곡되지 않는다. 무엇보다 담당자가 바뀌더라도 같은 원칙에 따라 계산할 수 있어, 실무에서 안정적인 관리가 가능하다.

핵심 요약 정리

❖ 재료비는 제품에 직접 투입되어 소비자에게 최종적으로 전달되는 자원의 비용이다.

❖ 주재료, 부재료, 포장재, 외주가공비가 포함된다.

❖ 단순하게 "입으로 들어가는 것 = 재료비, 쓰레기통으로 가는 것 = 포장재"로 구분할 수 있다.

❖ 소금·물처럼 혼동되는 자원은 사용 목적을 기준으로 삼아야 한다.

❖ 원칙은 목적별 구분이지만, 현실에서는 누락 없이 반영하는 것이 더 중요하다.

❖ 필요할 때는 일정 비율 배분이나 단순화 방식을 사용해도 원가 관리의 신뢰성은 유지된다.

단가, 기준이 답이다

단가는 숫자가 아니라 기준이다

식품기업에서 재료비를 계산할 때 가장 먼저 떠오르는 숫자는 '단가'다. 그런데 이 단가는 언제나 똑같은 값이 아니다. 공급처가 바뀌거나, 시즌에 따라 가격이 변하거나, 구매 단위가 달라지면 같은 재료라도 적용하는 단가가 매번 달라질 수 있다.

그렇기 때문에 단가는 숫자가 아니라 '기준'으로 정리된 약속이어야 한다. 예를 들어 배추의 경우, 이번 주에 1,200원/kg에 샀다고 해서 모든 계산에서 그 가격을 적용하면 안 된다. 혹은 공급 계약상 1,000원/kg으로 체결했지만, 실제 납품은 제때 안 되어 긴급 매입으로 더 비싸게 들여올 수도 있다.

이처럼 실매입가, 계약단가, 월 평균단가, 52주 이동 평균가 등 단가를 계산할 수 있는 방식은 여러 가지고, 이 중 어떤 기준을 쓸지 정해지지 않은 상태에서 계산을 하면 원가는 매번 달라지고, 그 숫자는 더 이상 비교 가능한 정보가 되지 못한다.

단가 기준, 왜 통일해야 할까?

단가 기준이 명확하지 않으면 실무에서는 다양한 문제가 끊임없이 발생한다. 예를 들어 담당자가 바뀔 때마다 같은 제품에 적용되는 단가가 달라지는 경우가 많다. 이전 담당자는 실매입가 기준으로 계산했지만, 후임자는 계약 단가나 평균 단가를 사용하는 식이다. 또한 마케팅 부서나 영업 부서가 사용하는 원가와, 회계 부서가 기준으로 삼는 원가가 서로 다르기도 하다. 이처럼 부서 간 기준이 제각각이면, 회의나 보고 시에 "이 수치는 믿을 수 없다"는 말이 반복되고, 결국 계산된 원가는 경영 판단의 근거가 되지 못하게 된다.

단가는 단순한 숫자 계산이 아니다. 원가를 보는 시각, 조직 내 소통, 의사 결정의 신뢰도에 직결되는 기준이다. 그래서 단가는 계산의 편의를 위한 도구가 아니라 회사의 경영 판단을 뒷받침하는 하나의 신뢰 자산으로 보아야 한다.

단가를 어떤 기준으로 적용할지 명확히 합의하고, 그 기준에 따라 모든 제품의 원가를 산출하는 체계를 갖추는 것이 실무에서 원가 관리 시스템을 설계할 때 반드시 선행되어야 할 출발점이다.

실무에서 쓰이는 네 가지 단가 기준

식품 제조 현장에서 단가를 계산할 때 사용할 수 있는 기준은 다양하다. 하지만 실무에서는 대체로 다음 네 가지 방식 중 하나를 택하게 된다. 각 방식은 장단점이 뚜렷하기 때문에, 무엇을 선택하느냐보다 중요한 것은 한 번 정한 기준을 일관되게 적용하는 것이다.

가장 간단한 방식은 실매입가 기준이다. 이 방식은 말 그대로 계산 시점에 실제로 구매한 단가를 그대로 적용하는 것이다. 현실을 그대로 반영하기 때문에 정확도는 높지만, 단점도 분명하다. 계절에 따라 단가가 크게 오르내리거나, 특정 이벤트·물량 부족·긴급 발주 등의 영향으로 일시적으로 가격이 왜곡되는 경우에도 그대로 반영된다. 이럴 때는 제품 원가 자체가 급등하거나 급락해 손익 분석에 혼선을 줄 수 있다.

다음으로 많이 쓰이는 방식은 공급 계약가 기준이다. 계약서를 통해 연간 단가를 정해 두고, 그 가격을 기준으로 원가를 계산하는 방식이다. 장점은 단가가 일정하게 유지되기 때문에 예측 가능성이 높고, 영업·생산 계획 수립에도 도움이 된다는 점이다. 다만 실제 납품 단가가 계약가와 다를 수 있으며, 계약과 현실 간의 간극이 생겼을 때는 오히려 혼란을 유발할 수 있다.

세 번째는 월간 평균 단가 기준이다. 한 달간의 납품 데이터를 평균 내어 그 값을 적용하는 방식으로, 계절 변동이나 단기 이벤트로 인한 왜곡을 어느 정도 흡수할 수 있다. 하지만 평균값은 지나치게 평탄하게 만들기 때문에 계절성이 중요한 원재료에는 대응력이 떨어질 수 있다. 특히 김장철 배추처럼 계절에 따라 단가가 크게 변하는 품목은 한 달 평균만으로는 현실을 반영하기 어려운 경우도 많다.

마지막은 52주 이동 평균 단가 기준이다. 최근 1년간의 단가 데이터를 누적하고, 매주 최신 데이터를 반영하여 평균값을 갱신하는 방식이다. 이 방식의 가장 큰 장점은 장기적인 흐름을 반영하면서도 최근의 변화를 놓치지 않는 균형 잡힌 기준을 제공한다는 점이다. 계절성과 이벤트의 영향을 고르게 반영할 수 있기 때문에 중소식품기업에서도 최근 가장 선호되는 방식 중 하나다. 다만 엑셀이나 시스템에서 이를 자동화할 수 없다면, 수작업으로는 관리에 다소 번거로움이 있을 수 있다.

이 네 가지 방식 중 어떤 것을 선택할지는 기업의 규모, ERP 시스템 보유 여부, 구매 구조 그리고 원재료의 특성에 따라 달라질 수 있다. 중요한 것은 자기 회사의 상황에 맞는 방식을 명확히 선택하고, 전 사내가 동일한 기준으로 계산하도록 관리하는 체계를 갖추는 것이다.

📟 단가 기준표로 일관성을 만든다

단가 기준은 개인의 판단이나 기억에 의존해서는 안 된다. 같은 원재료라도 어떤 사람은 실매입가를 적용하고, 다른 사람은 계약 단가를 쓰거나 월 평균 단가를 기준으로 계산할 수 있다. 이렇게 기준이 제각각이면 제품별 원가는 시기와 담당자에 따라 달라지고, 결국 경영 판단의 근거가 흔들리게 된다.

이 문제를 해결하는 가장 확실한 방법은 단가 기준표를 만드는 것이다. 배추, 참기름, 라벨 스티커처럼 주요 원재료와 포장재에 대해 어떤 단가를 기준으로 삼을 것인지 명확히 정리해 두는 것이다. 예를 들어 배추는 계절 변동을 고려해 52주 이동 평균 단가를 적용하고, 참기름은 계약 단가를 기준으로 하되 유통 기한을 반드시 확인하도록 한다. 라벨 스티커 같은 포장재는 월 평균 단가를 적용하되, 수량에 따라 단가가 달라질 수 있으므로 수량 기반 단가 방식을 함께 반영할 수 있다.

이 기준표는 ERP나 엑셀 파일에 정리해 두고 모든 담당자가 동일하게 참고할 수 있도록 공유해야 한다. 이렇게 하면 담당자가 바뀌더라도 계산 기준이 일관되게 유지되고, 제품별 원가 역시 안정적으로 관리할 수 있다.

핵심 요약 정리

❖ 단가는 그 자체보다 기준이 중요하다.

❖ 실매입가, 계약가, 평균가, 이동평균 등 다양한 방식 중 하나를 선택하고 고정해야 한다.

❖ 기준이 없으면 계산하는 사람마다, 시기마다 원가가 달라져 경영 판단에 혼란이 생긴다.

❖ 실무에서는 단가 기준표를 만들어 제품별 적용 방식을 명시하고, 전 직원이 같은 기준으로 계산해야 한다.

외주가공비·위탁포장비, 기준을 세워야 한다

현장의 혼선, 왜 생기는가?

식품 제조기업에서는 모든 공정을 자체적으로 처리하지 않고 일부를 외부에 맡기는 경우가 많다. 원재료를 외부 가공업체에 위탁해 일정한 공정을 거치거나, 완성된 제품을 전문 포장업체에 맡겨 출고용 포장을 진행하는 방식이 대표적이다. 이렇게 발생하는 비용이 외주가공비와 위탁포장비다.

문제는 이 비용이 재료비인지, 경비인지 구분할 때 혼선이 많다는 것이다. 회계팀에서는 "외부에 지급했으니 경비"라고 보고, 생산팀에서는 "제품 완성에 필요했으니 재료비"라고 주장한다. ERP 입력 과정에서도 별도 계정이 없어 일괄적으로 경비로 집계되는 경우가 많다. 이런 방식은 제품별 원가를 왜곡시키고, 수익성 분석과 가격 전략을 잘못된 방향으로 이끌 수 있다.

📟 외주가공비는 원재료의 연장이다

외주가공비는 원재료를 외부에서 특정 공정을 거쳐 다시 받아 오는 데 드는 비용이다. 예를 들어 김치 제조에서 배추 절단, 세척, 소금 절임을 외부에 맡기는 경우가 있다. 이 과정은 제품 완성에 필수적이며, 없으면 제품을 만들 수 없다. 따라서 외주가공비는 단순한 보조 비용이 아니라 원재료를 완성된 상태로 만들기 위한 직접 투입 비용이다. 원재료 구입비와 외주가공비를 함께 묶어야만 실제 원가가 제대로 반영된다.

📟 위탁포장비는 성격에 따라 달라진다

위탁포장비는 완제품을 외부 업체에 맡겨 포장하는 비용이다. 그런데 포장에도 두 가지 성격이 있다.

소비자에게 전달되는 포장, 즉 박스, 라벨, 용기 등은 제품 구성의 일부로서 재료비로 처리해야 한다. 예를 들어 진공 포장 필름이나 소스류의 살균 포장 용기는 제품 품질과 안전성에 직접적으로 영향을 미친다. 이런 경우 포장비는 재료비로 반영하는 것이 타당하다.

반면, 파렛트 적재 후 랩으로 감싸는 포장이나 물류 과정에서만 사용되는 보조 포장은 소비자에게 전달되지 않는다. 이는 물류 효율을 위한 비용이므로 경비로 분류하는 것이 합리적이다.

식품 중소기업을 위한 원가 계산부터 관리까지, 핵심 가이드

외주가공비와 위탁포장비는 계산 방식에 따라 원가 구조가 크게 달라질 수 있기 때문에 실무에서는 명확한 관리 기준을 세워 두는 것이 무엇보다 중요하다. 관리 기준이 모호하면 같은 제품이라도 담당자마다 다른 방식으로 원가를 반영하게 되고, 그 결과 제품별 수익성 분석이 왜곡된다.

먼저 위탁포장비의 경우를 살펴보자. 소비자에게 전달되는 포장재, 즉 박스, 라벨, 내포장 필름 등은 제품 구성의 일부이므로 재료비로 분류해야 한다. 반대로 파렛트 적재용 포장이나 물류 이동 과정에서만 쓰이고, 소비자에게 전달되지 않는 자재는 경비로 보는 것이 타당하다. 따라서 위탁포장비는 제품에 남아 소비자에게 전달되는가, 아니면 물류 과정에서 소모되는가를 기준으로 구분하면 된다.

다음은 외주가공비다. 일부에서는 외주에서 발생한 비용을 재료비와 인건비, 경비로 다시 나누어 반영해야 한다고 생각하지만, 이는 실무적으로 불필요한 접근이다. 예를 들어 마늘을 직접 사서 까면 원재료비와 인건비, 경비로 나누는 것이 맞다. 그러나 외주에서 이미 깐 마늘을 매입한다면, 그 단가에는 원재료비뿐만 아니라 인건비, 경비, 심지어 외주업체의 마진까지 포함되어 있다. 이런 경우 전체 단가를 그대로 재료비로 반영하는 것이 정확하다. 즉, 외주가공비는 원재료의 연장으로 이해하고, 세부 항목으로 다시 쪼개려 하지 않는 것이 합리적이다.

마지막으로, 내부 규정과 문서화가 반드시 필요하다. 외주가공비와 위탁포장비는 그 특성상 경비와 재료비로 혼동되기 쉽기 때문에 ERP나 엑셀에 계정 항목을 명확히 구분해 관리하는 것이 바람직하다. 예를 들어 "외주가공비_재료비", "위탁포장비_재료비", "위탁포장비_경비"와 같이 세분화해 두면, 담당자가 바뀌더라도 동일한 기준으로 원가를 계산할 수 있다. 중요한 것은 지나치게 복잡하게 나누는 것이 아니라, 누락 없이 일관되게 반영하는 체계를 만드는 것이다.

핵심 요약 정리

❖ 외주가공비와 위탁포장비는 단순히 외부 비용이 아니라, 제품 완성과 직접 관련되는지 여부를 기준으로 구분해야 한다.

❖ 외주가공비는 원재료를 완성 상태로 만들기 위한 원재료의 연장이므로 재료비로 반영하는 것이 타당하다.

❖ 위탁포장비는 소비자에게 전달되는 포장재는 재료비, 물류 과정에서만 사용되는 포장은 경비로 분류해야 한다.

❖ 명확한 구분이 어려운 경우에는 사용 목적과 주요 용도를 기준으로 단순화해 관리하되, 누락 없이 일관되게 반영하는 것이 중요하다.

자가재배 원물,
원가에 어떻게 반영할까?

직접 재배한 원물, 원가 0원일까?

농업과 제조를 결합한 식품기업이나 농가형 가공업체가 늘어나고 있다. 이들은 자사에서 직접 농산물을 재배하거나 축산물을 사육해 원재료로 사용한다. 이런 경우 실무에서 자주 듣는 질문이 있다.

"우리가 직접 재배한 배추는 돈이 안 들었으니 원가가 0원이죠?"

"작년에 수확해 둔 고구마를 쓰는데, 이미 확보한 거라 원가가 없지 않나요?"

"실제 돈이 안 나갔는데 굳이 재료비로 넣어야 하나요?"

겉보기에 타당해 보이지만, 이런 접근은 원가 계산과 수익성 분석에서 큰 오류를 불러온다. 원가를 단순히 지출 여부로만 판단하면 실제보다 원가가 낮아지고, 결과적으로 수익성이 과대평가된다. 이는 잘못된 가격 전략과 영업 정책으로 이어질 수 있는 위험한 판단이다.

여기에 또 하나의 문제가 있다. 만약 자가 원물을 0원으로 계산해 판가를 낮게 책정했다가, 판매가 늘어나 자가 생산량을 초과하면 어떻게 될까? 부족분은 결국 외부에서 원재료를 구매해야 하는데, 그 시점에서는 원가 구조가 맞지 않아 판매량이 늘어날수록 손해가 커진다. 반대로 시중 구매 단가를 그대로 적용하면, 자가 생산을 통한 원가 절감 효과가 사라져 버린다. "직접 생산했는데 외부에서 사 온 것과 원가가 똑같다"라는 모순적인 상황이 되는 것이다. 그렇다면 과연 어떻게 하는 것이 옳은 방법일까? 이 질문에 대한 답은 원가의 본질, 즉 기회비용에서 찾을 수 있다.

🧮 원가는 지출이 아니라 기회비용이다

원가는 단순히 돈이 나갔는지를 따지는 개념이 아니다. 제품을 생산하기 위해 희생된 경제적 자원을 금액으로 환산한 것이 원가다. 자가 원물을 사용했다면, 이는 시장에서 판매할 수 있었던 기회를 스스로 포기한 것이다. 따라서 실제 지출이 없었더라도 그만큼의 기회비용이 발생했다고 보아야 한다.

예를 들어 자가 배추를 가공에 투입했다면, 그 배추는 도매시장에 납품할 수도 있었던 자산이다. 그런데 가공에 사용했으니 곧 판매 기회를 포기한 것이다. 이처럼 직접 비용이 없더라도 자원을 사용함으로써 포기된 경제적 가치는 반드시 원가로 반영해야 한다.

그렇지 않으면 제품별 수익성은 왜곡되고, 회사 전체의 경영 판단도 잘못된 방향으로 흐르게 된다.

▦ 자가 원물 계산, 잘못된 처리 사례

한 김치 제조기업은 전체 배추의 70%를 자가 재배했다. 그러나 내부 원가 계산에서 이를 0원으로 처리한 결과, 제품 단가는 실제보다 수백 원 낮게 잡혔다. 영업팀은 이 데이터를 근거로 마진율이 높다고 착각해 납품 단가를 공격적으로 낮췄다. 하지만 판매가 늘어나면서 자가 배추가 부족해졌고, 결국 외부에서 배추를 시세대로 구매해야 했다. 그 순간부터 원가 구조는 급격히 악화되었고, 회사는 판매량이 늘어날수록 손해가 커지는 상황에 직면했다. 이후 이 기업은 배추 단가를 도매 납품가 기준으로 반영하며 계산 방식을 수정했지만, 이미 낮아진 단가를 회복하기까지 적잖은 시간이 필요했다.

이 사례는 업종을 불문하고 동일한 교훈을 준다. 자가 원물을 0원으로 처리하면 단가가 왜곡되고, 판매량이 늘어날수록 손해가 커진다. 반대로 시장 단가만 반영해도 자가 생산을 통한 절감 효과가 사라져 경쟁력이 떨어진다. 결국 중요한 것은 어느 한쪽을 절대적으로 따르는 것이 아니라, 기회비용 개념을 반영하면서도 기업 내부의 기준을 일관되게 적용하는 것이다.

자가 원물의 단가는 여러 방식으로 정할 수 있다. 가장 현실적이고 신뢰성이 높은 기준은 도매 납품가다. 도매 단가는 실제 거래가 가능한 가격이므로, 이를 원가에 반영했을 때 시장성과 현실성을 동시에 갖출 수 있다. 만약 해당 원물의 거래 시세가 없다면 공판장 평균 단가나 과거 수매계약가를 기준으로 삼는 것이 합리적이다. 이 기준은 특히 동일 품종이 외부에서 거래되는 경우에 유용하다.

거래 시세나 계약가격조차 없는 특수한 경우에는 농촌진흥청이나 지자체에서 발표하는 작목별 표준 생산비를 활용할 수 있다. 예를 들어 배추의 경우 10a당 표준생산비가 75만 원이고 수확량이 2,000kg이라면, kg당 약 375원이 단가 기준이 된다. 이처럼 자가 원물은 다양한 기준 중에서 기업 상황에 가장 적합한 방식을 선택해 적용하는 것이 중요하다.

그러나 단가를 어떤 방식으로 정하든, 그것을 일관되게 관리할 체계를 갖추지 않으면 의미가 없다. 자가 원물은 반드시 외부 매입 원물과 구분해 관리해야 하며, ERP에서는 품목 코드나 공급처를 '자가재배'로 등록해 이력을 추적할 수 있어야 한다. 또한 월별 기준 단가표를 설정하고 고정 적용하면, 담당자가 바뀌더라도 동일한 기준이 유지된다.

예를 들어 '배추_자가재배'라는 코드에 kg당 600원을 기준 단가로 설정하면, 모든 자가 배추 투입량이 동일 단가로 반영된다. 이렇게 하면 자원별 누락을 막을 수 있고, 수율이나 단가 변동을 분석할 때도 기준이 흔들리지 않는다. 엑셀로 관리하는 경우에는 자가 원물과 외부 매입 원물을 시트별로 구분하고, 평균 단가를 자동으로 불러오는 공식을 구성하면 계산 오류를 줄일 수 있다.

결국 중요한 것은 단가 기준을 어떻게 정할지 명확히 하고, 그 기준을 ERP나 엑셀 같은 시스템에 반영해 누락 없이 일관되게 관리하는 체계를 갖추는 것이다. 이렇게 해야만 자가 원물의 단가가 신뢰할 수 있는 원가로 정착될 수 있다.

핵심 요약 정리

❖ 자가재배 원물도 투입된 자원이므로 반드시 원가에 반영해야 한다.

❖ 0원 처리하면 판매량이 늘어날수록 손해가 발생하고, 시중 단가만 적용하면 자가 생산의 장점이 사라진다.

❖ 합리적인 기준은 도매 납품가, 공판장 단가, 수매계약가, 표준생산비 등이며 무엇을 선택하든 일관성이 중요하다.

❖ ERP나 엑셀에서 자가 원물과 외부 매입 원물을 구분해 관리해야 한다.

❖ 자가 원물을 잘못 관리하면 마진 착시와 경영 판단 오류로 이어질 수 있다.

폐기와 손실은 원가에 어떻게 반영할까?

폐기와 손실, 왜 원가에 포함해야 하는가?

식품 제조 현장에서는 다양한 형태의 폐기와 손실이 발생한다. 김치 공정 중에 배추 겉잎이 떨어져 나가기도 하고, 반품 과정에서 포장이 터져 상품성이 사라지기도 한다. 유통 기한이 지나 회수되는 경우도 있고, 품질 불량으로 인해 제품이 전량 폐기되기도 한다. 이러한 폐기와 손실을 원가에 어떻게 반영해야 할지는 실무자들이 가장 많이 묻는 질문 중 하나다.

"공정에서 나온 불량품도 원가에 잡아야 하나요?"

"유통 기한이 지나서 폐기된 제품은 제조원가로 보아야 할까요, 아니면 판매관리비일까요?"

표면적으로는 단순한 계산 문제처럼 보이지만, 폐기와 손실을 잘못 처리하면 실제보다 원가가 낮게 계산된다. 이는 결국 마진이 과대평가되고, 잘못된 가격 전략과 경영 판단으로 이어질 수 있다.

회계적으로 원가는 제품 생산을 위해 사용된 모든 자원의 가치를 의미한다. 따라서 공정 과정에서 발생한 정상적인 손실과 폐기는 반드시 원가에 포함시켜야 한다. 배추 겉잎을 제거하는 과정이나 고기 다듬기에서 발생하는 불량, 공정 중 발생하는 자연스러운 손실은 제품 완성에 필요한 자원이므로 정상 손실로 원가에 반영된다.

하지만 모든 손실이 원가로 가는 것은 아니다. 유통 기한 경과, 판매 불량으로 인한 반품, 소비자 클레임 처리 비용처럼 제품이 이미 생산된 후 발생하는 손실은 비정상 손실에 해당한다. 이런 경우는 원가가 아니라 판매관리비나 영업 손실 계정으로 분류하는 것이 맞다. 결국 중요한 것은 정상 손실과 비정상 손실을 구분하고, 이를 체계적으로 기록하는 것이다.

또한 관리 목적에 따라 폐기와 손실을 단순 계산으로만 다루면 문제가 생긴다. 인풋 대비 아웃풋만 보고 계산하면 손쉽게 수율을 산출할 수 있지만, 그 안에는 관리 목적에서 반드시 기록하고 분석해야 할 폐기·손실이 누락된다. 관리자는 단순한 수율 계산을 넘어서 어떤 손실이 반복적으로 발생하고 있는지, 그 비용이 제품 원가에 어떻게 반영되는지 확인해야 한다. 이런 접근이 있어야만 원가 계산이 단순 숫자에서 경영 전략을 세우는 도구로 발전할 수 있다.

폐기와 손실이 원가에 어떻게 반영되는지 사례를 통해 살펴보면 더욱 명확하다.

첫째, 김치 절임 공정에서의 배추 겉잎. 김치를 만들 때 배추 겉잎을 제거하는 과정에서 5~10%의 손실이 발생한다. 이는 공정상 피할 수 없는 정상 손실이므로 반드시 원가에 반영해야 한다. 만약 이를 제외하고 단가를 계산하면 실제 단가보다 낮게 나오고, 수익성이 왜곡된다.

둘째, 반찬 제조 과정에서 발생한 불량 포장. 포장 불량으로 제품이 재포장되거나 폐기되는 경우가 있다. 일정 수준까지는 정상 손실로 인정되지만, 반복적으로 발생해 기준치를 넘어서는 순간부터는 비정상 손실로 보고 관리해야 한다. 이 경우 원가보고서에 별도로 보고하고 개선 대책을 수립해야 한다.

셋째, 유통 중 파손된 제품. 유통 과정에서 제품이 파손되어 소비자에게 전달되지 않는 경우가 있다. 이는 제조 공정보다는 유통상의 문제이므로 판매관리비로 분류하는 것이 적절하다. 그러나 파손 규모가 크거나 반복된다면 원가 관리 차원에서도 원인을 분석하고 대책을 세워야 한다.

넷째, 유통 기한 경과로 인한 재고 폐기. 재고를 회수하거나 유통 기한이 지나 폐기되는 제품은 비정상 손실이다. 이는 원가에 포함되는 항목이 아니므로 관리 체계상 영업 손실로 기록해야 한다. 다만 발생 빈도와 규모가 크다면 생산·재고 관리의 문제로 보고 개선해야 한다.

이처럼 폐기와 손실은 상황에 따라 원가로 가기도 하고, 판매관리비로 분류되기도 한다. 중요한 것은 발생 원인과 성격을 명확히 구분하는 것이며, 이를 기준으로 삼아야 원가가 왜곡되지 않는다.

폐기와 손실, 관리 방법의 핵심

폐기와 손실을 제대로 반영하기 위해서는 관리 체계를 갖추는 것이 필수적이다. ERP나 엑셀과 같은 시스템에서 반드시 코드를 구분해 기록해야 한다. 정상 손실은 원가 계정에 포함시키되, 비정상 손실은 별도 계정으로 관리해야 한다. 예를 들어 김치의 경우 절임 공정에서 발생하는 10% 내외의 손실은 원가로, 유통 기한 경과 폐기는 영업 손실로 분리 기록하는 식이다.

또한 발생한 손실의 원인을 함께 기록해야 한다. 불량 포장은 설비 문제인지, 작업자 실수인지, 원재료 품질 문제인지 명확히 구분하면 개선책을 세우는 데 도움이 된다. 손실을 단순히 비용으로 처리하는 것이 아니라 원인 분석을 통한 개선 도구로 활용해야 한다는 의미다.

더 나아가 손실이 반복적으로 발생한다면 이를 KPI(핵심성과지표)에 반영해 관리할 필요가 있다. 예를 들어 유통 기한 경과율, 포장 불량률 등을 정기적으로 모니터링하면 손실을 줄이고 수익성을 높일 수 있다.

결국 폐기와 손실 관리의 핵심은 구분·기록·분석·개선 네 가지다. 단순히 수율 계산을 위한 숫자가 아니라 경영 판단을 위한 지표로

활용하는 것이다. 이 과정을 통해서만 원가 정보가 실제적인 관리
도구로서 가치를 가진다.

 핵심 요약 정리

❖ 폐기와 손실은 제품 생산에 투입된 자원이므로 반드시 원가에 반영해
   야 한다.
❖ 정상 손실은 원가에 포함하고, 비정상 손실은 별도 계정으로 관리해야
   한다.
❖ 사례별로 손실의 성격을 구분하지 않으면 원가가 왜곡되고 잘못된 경
   영 판단으로 이어진다.
❖ ERP나 엑셀에서 손실을 구분해 기록하고, 원인까지 명확히 분석해 개
   선책을 마련해야 한다.
❖ 폐기와 손실 관리를 KPI에 반영하면 수익성을 높이고 경쟁력을 강화할
   수 있다.

재고를 무시하면 원가가 왜곡된다

재고 없는 원가 계산의 함정

식품 제조 현장에서 자주 들을 수 있는 질문 중 하나가 "재고를 고려하지 않고도 원가를 계산할 수 있느냐"다. 인풋 대비 아웃풋으로 나누는 단순한 방식은 생산 단가를 산출하거나 수율을 확인할 때는 의미가 있다. 그러나 이 방식을 그대로 매출 원가나 손익 분석에 적용하면 심각한 오류가 발생한다.

예를 들어 한 달 동안 원재료를 1억 원어치 구입하고, 완제품을 1만 개 생산했다면 단순 계산으로는 개당 원가가 1만 원이다. 하지만 이 계산에는 기초 재고와 기말 재고의 변동이 전혀 반영되지 않는다. 만약 구입한 원재료의 일부가 아직 창고에 남아 있거나, 이전 달에 구입해 둔 재고를 사용했다면 실제 투입 원가는 달라진다.

이렇게 재고를 고려하지 않으면, 원가가 실제보다 낮게 산출되거나 높게 산출되는 왜곡이 발생한다. 결국 표면상으로는 마진율이 높아 보이지만 실제 수익성은 떨어지고, 반대로 필요 이상으로 원가가 높게 계산되어 가격 전략을 잘못 세울 위험도 커진다.

재고, 왜 관리가 필요한가

재고는 단순한 수치가 아니라 원가 정확성을 보장하는 핵심 변수다. 관리가 부족하면 원가 왜곡, 수익성 착시, 부서 간 혼선 등 여러 문제가 발생한다.

첫째, 원가 왜곡 방지. 재고를 반영하지 않으면 원가가 실제보다 낮게 나타나 마치 높은 수익성을 확보한 것처럼 보인다. 그러나 외부 구매가 늘어나는 순간 착시가 깨지고 손익은 급격히 악화된다.

둘째, 부서 간 혼선 해소. 생산팀은 "이미 구매한 원재료는 지난달 비용"이라고 생각할 수 있지만, 회계팀은 "창고에 남아 있는 원재료는 자산"이라고 본다. 이런 인식 차이는 각 부서의 원가 계산을 다르게 만들고, 경영진은 어느 쪽이 맞는지 혼란스러워진다.

셋째, 정확한 경영 판단. 재고를 반영하지 않으면 특정 시점의 손익이 과대평가되거나 과소평가된다. 특히 성수기·비수기에 따라 판매량과 재고가 크게 변동하는 업종에서는 재고 관리가 더 중요하다. 그렇지 않으면 가격 결정, 투자, 생산 계획이 잘못된 데이터에 기반하게 된다.

▦ 재고 관리가 부실할 때 생기는 왜곡

재고를 무시하거나 관리가 허술할 때는 다양한 오류와 착시가 반복된다.

첫째, 마진 착시. 재고를 반영하지 않으면 마진율이 실제보다 높게 나타나지만, 이는 일시적인 착시에 불과하다. 다음 달 외부 원재료 구매가 늘어나면 이익 구조는 급격히 악화된다.

둘째, 수익성 왜곡. 재고가 반영되지 않으면 어떤 달에는 이익이 과대평가되고, 다른 달에는 적자로 과소평가되는 등 손익 변동이 지나치게 커진다. 장기적인 수익성 분석이 불가능해지고 경영 판단은 왜곡된다.

셋째, ERP 입력 오류. 재고 항목을 별도로 관리하지 않으면, 자가재배 원물과 외부 구매 원물이 같은 코드로 묶여 잘못된 수치가 나온다. 이는 재고 파악을 어렵게 하고, 결국 원가와 손익 분석의 신뢰성도 떨어진다.

넷째, 현장 착시 사례. 한 김치 기업은 재고를 고려하지 않고 배추 단가를 산출했다. 보고서상으로는 마진율이 높아 보였지만, 사실은 이전 달에 구입한 재고를 사용했기 때문에 착시가 발생한 것이었다. 다음 달 외부 구매가 늘어나자 이익 구조는 곧바로 적자로 바뀌었고, 회사는 재고 관리의 필요성을 절감했다.

재고 관리는 단순히 수치를 기록하는 것이 아니라, 원가 왜곡을 막고 경영 판단을 바로잡기 위한 핵심 관리 활동이다. 복잡하게 접근할 필요는 없지만, 반드시 기준을 세우고 일관되게 적용해야 한다.

첫째, 표준원가 기준을 설정해야 한다. 생산 표준에 맞춰 재고 변동분을 포함한 단가를 산출하고, 실제 원가와 비교해 차이를 분석한다.

둘째, ERP·엑셀 시스템에 재고 항목을 분리해 기록한다. 구입액과 사용량만 기록하는 것이 아니라, "기초 재고 + 당기 구입 - 기말 재고 = 실제 사용량"이라는 공식을 기준으로 원가에 반영해야 한다.

셋째, 출고 기준으로 관리한다. 단순히 구매 시점에 비용 처리하지 말고, 실제 생산에 투입되어 출고된 시점을 기준으로 원가에 반영해야 한다. 그래야만 실제 사용량과 원가가 일치한다.

넷째, 경영 관리 지표로 활용한다. 재고는 단순한 숫자가 아니라 KPI로도 관리할 수 있다. 예를 들어 재고 회전율, 유통 기한 경과율 등을 정기적으로 관리하면 원가 정확성이 높아지고 불필요한 손실도 줄일 수 있다.

다섯째, 검증 절차를 마련한다. 특정 시기에 원가가 비정상적으로 낮거나 높게 나타나면 재고 변동이 제대로 반영되었는지 확인해야 한다. 이를 통해 원가 왜곡을 조기에 발견할 수 있다.

❖ 재고를 반영하지 않으면 원가가 왜곡되어 마진 착시와 잘못된 경영 판단으로 이어진다.

❖ 재고는 단순한 수치가 아니라 원가 정확성을 보장하는 핵심 변수다.

❖ 재고 관리의 핵심은 구분·기록·분석이며, ERP나 엑셀을 활용해 일관되게 적용해야 한다.

❖ 원가는 반드시 출고 기준으로 반영해야 실제 사용량과 일치한다.

❖ 재고 관리가 허술하면 수익성 분석이 왜곡되고, 잘못된 가격 전략과 생산 계획으로 연결된다.

매입 단위와 판매 단위가 다를 때, 이렇게 관리하라

매입 단위와 판매 단위 불일치가 만드는 문제

식품 제조 현장에서 실무자들이 원가를 계산할 때 흔히 부딪히는 문제가 바로 매입 단위와 판매 단위의 불일치다. 배추는 시장에서 포기 단위로 매입되지만, 김치 제품은 kg 단위로 판매된다. 오리는 도매상에서 마리 단위로 거래되지만, 납품 과정에서는 500g, 1kg, 혹은 절단 부위별 중량 단위로 공급된다.

이처럼 매입 단위와 판매 단위가 일치하지 않으면 단가 산출 과정이 복잡해지고, 담당자마다 다른 환산 방식을 적용하기 쉽다. 평균치를 반영하지 않으면 제품별 원가가 들쭉날쭉해지고, 재무팀과 생산팀이 서로 다른 기준으로 계산하면서 보고서 숫자가 맞지 않는 혼선이 생긴다.

특히 농산물과 축산물처럼 자연물의 크기와 무게가 일정하지 않은 경우, 단위 불일치 문제는 더욱 두드러진다. 어떤 달은 배추 한 포기의 무게가 1.3kg, 다른 달은 1.5kg에 가깝다. 이러한 변동을 무시하고 단순히 "포기당 단가"로 계산하면 실제 원가와 큰 차이가 발생한다. 결과적으로 원가보고서는 실제보다 과대 혹은 과소 계상되고, 이는 가격 전략이나 수익성 분석을 왜곡한다.

단위 불일치는 단순히 계산상의 불편이 아니라 원가 왜곡, 마진 착시, 부서 간 혼선, 잘못된 가격 전략으로 이어지는 심각한 문제다. 따라서 이를 정확히 이해하고 관리하지 않으면 경영 판단이 흔들리게 된다.

단위 불일치가 원가에 주는 영향

단위 불일치 문제는 제품 원가 계산과 경영 판단에 다양한 부정적인 영향을 미친다.

첫째, 원가 왜곡이다. 매입 단위와 판매 단위가 제각각이면 제품별 단가가 정확히 계산되지 않는다. 생산팀은 배추를 포기 기준으로 나누고, 회계팀은 kg 단가로 환산한다면 동일한 제품에 대해 서로 다른 원가 수치가 산출된다. 결과적으로 어느 쪽도 신뢰하기 어려운 보고서가 만들어진다.

둘째, 마진 착시다. 단위 환산이 제대로 이뤄지지 않으면 마진율이 실제보다 높아 보이기도 한다. 하지만 이는 일시적인 착시에 불과하다. 이후 외부에서 원재료를 추가 매입하거나 단위 차이를 반영했을 때, 손익 구조는 갑자기 악화된다.

셋째, 부서 간 혼선이다. 생산팀은 "포기 단가"로 계산하고, 영업팀은 "kg 단가"로 계산한다면 보고서의 숫자가 서로 맞지 않는다. 경영진은 어느 쪽이 맞는지 판단하지 못하고, 신뢰성 있는 경영 지표가 사라진다.

넷째, 가격 전략의 왜곡이다. 원가가 실제보다 낮게 계산되면 저가 전략을 선택해도 된다고 오판할 수 있고, 반대로 원가가 높게 잡히면 불필요하게 가격을 올려 경쟁력을 잃을 수도 있다.

즉, 단위 불일치를 방치하면 원가 분석은 물론이고 경영 판단 자체가 흔들리게 된다.

현장에서 자주 발생하는 사례

사례 1: 배추 - 포기 vs kg

한 김치 제조업체는 배추를 포기 단위로 매입했지만, ERP에서는 kg 단가로 원가를 계산했다. 배추의 포기당 무게가 달라지면서 어떤 달은 1.3kg, 다른 달은 1.5kg 이상이 되었지만, 이를 반영하지 않았다. 그 결과 월별 단가가 크게 들쭉날쭉했고, 원가 보고서와 수익성 분석 결과가 불일치했다.

사례 2: 오리 - 마리 vs 중량

오리 가공업체는 원재료를 마리 단위로 매입했다. 그러나 판매는 500g 혹은 1kg 단위였다. 마리당 중량이 일정하지 않아 어떤 달에는 원가가 낮게 보였고, 다른 달에는 높게 보였다. ERP에 표준 환산값을 설정하지 않은 채 단순 환산으로 계산하다 보니, 영업팀은 마진율이 높다고 판단했지만 실제 손익은 적자였다.

이처럼 단위 불일치 문제는 작은 차이 같아 보여도 수익성 분석, 가격 전략, 경영 판단을 근본적으로 흔드는 심각한 요인이다.

▦ 표준 환산값과 시스템 관리 방법

단위 불일치를 해결하려면 제품별로 표준 환산값을 정하고, 이를 시스템에 반영해 일관되게 관리해야 한다. 가장 현실적인 방법은 최근 1년간의 데이터를 기준으로 52주 평균치를 산출하는 것이다. 이렇게 하면 계절이나 공급처 변동으로 인한 단기 요인에 휘둘리지 않고 안정적인 기준을 유지할 수 있다.

예를 들어 배추의 경우, 1포기의 평균 중량을 52주 단위로 집계했을 때 2.5kg이고 절임 후 2.1kg이라면 "1포기 = 2.1kg"을 기준으로 설정할 수 있다. 오리 역시 마리당 평균 중량을 1.8kg으로 정리하면, 이를 기준으로 500g·1kg 단위 제품 단가를 환산할 수 있다.

이 표준 환산값은 ERP나 엑셀에 입력해 자동 계산되도록 시스템화해야 한다. 담당자가 매번 환산 식을 수기로 적용하는 방식은 오류 가능성이 크다. 시스템에 "구입 단위 → 사용 단위" 변환 공식을 설정해 두면 매입 단가가 자동으로 제품 단위 단가로 전환된다.

이처럼 52주 평균 데이터를 기반으로 표준 환산값을 설정하고, ERP·엑셀 시스템에 반영해 자동화하는 것이 단위 불일치를 해소하는 가장 현실적이고 실무적인 방법이다. 담당자가 바뀌더라도 같은 기준으로 원가가 계산되며, 관리 체계의 신뢰성도 높아진다.

 핵심 요약 정리

❖ 매입 단위와 판매 단위가 일치하지 않으면 원가가 들쭉날쭉해지고, 수익성 분석이 왜곡된다.

❖ 단위 불일치가 지속되면 마진 착시, 부서 간 혼선, 잘못된 가격 전략으로 이어진다.

❖ 현장에서 자주 발생하는 사례는 배추(포기 ↔ kg), 오리(마리 ↔ 중량) 등이다.

❖ 해결책은 표준 환산값 설정, 52주 평균 단가 관리, ERP·엑셀 시스템 반영이다.

❖ 단위 불일치를 방치하지 않고 관리 지표화해야만 정확한 원가 산정과 신뢰할 수 있는 경영 판단이 가능하다.

사용되지 않은 원재료, 원가에 어떻게 반영할까?

📋 남거나 버려지는 원재료가 만드는 원가 왜곡

　식품 제조 현장에서 자주 발생하는 문제 중 하나는 원재료를 구매했지만 모두 사용하지 못하고 일부는 남아 폐기되는 경우다. 이때 흔히 하는 계산 방식은 실제 사용량만 단가로 곱하는 것이다. 예를 들어 조미료를 2kg 구매했는데 500g만 사용하고 1.5kg은 폐기했다면, 단순히 "500g × 단가"로 계산한다.

　겉으로는 합리적으로 보이지만, 이렇게 하면 사용하지 못한 원재료 비용은 원가에 반영되지 않아 실제보다 낮은 원가가 산출된다. 원가는 "투입된 자원의 가치 전체"를 의미해야 한다. MOQ(최소 주문 단위) 때문에 어쩔 수 없이 남게 된 원재료, 소스·향신료처럼 일부만 쓰고 나머지를 버리는 재료도 결국 기업이 지불한 비용이다. 이를 제외하면 제품 단가는 실제보다 낮게 잡히고, 수익성이 과대평가된다.

남거나 버려지는 원재료의 실제 사례

사례 1: 소스류

한 업체는 김치 양념 소스를 20kg 단위로 매입했지만, 배합 과정에서 19kg만 사용하고 나머지 1kg은 폐기했다. 그러나 ERP에는 19kg만 반영되었다. 결과적으로 원가는 실제보다 낮게 계산되었고, 보고서상 수익성은 높아 보였다.

사례 2: 향신료와 파우더

제빵업체는 향신료를 일정량 배합한 후 남은 소량은 재사용하지 못하고 폐기했다. 그러나 ERP에서는 사용된 양만 반영되었고, 남은 원재료 비용은 누락되었다. 그 결과 제품 단가가 실제보다 낮게 산출되었고, 수익성 분석은 왜곡되었다.

사례 3: 냉동 원료

한 기업은 냉동육을 대량 구매해 일부만 사용하고 나머지는 해동 후 폐기했다. 원가 계산에는 사용된 양만 반영되었기 때문에 실제보다 원가가 낮게 잡혔고, 월별 손익은 이익으로 보였다. 하지만 몇 달 후 폐기 처분 시점에는 큰 손실이 발생했고, 경영진은 왜 손익이 갑자기 악화됐는지 원인을 찾기 어려워했다.

이처럼 구매했지만 사용하지 못한 원재료 비용을 반영하지 않으면 제품 단가가 과소 계산되고, 수익성 분석이 왜곡되는 문제가 생긴다.

실무에서 자주 하는 오해와 오류

첫째, "실제로 사용한 양만 반영하면 된다"는 인식이다. 현장에서는 남은 원재료가 폐기되더라도 어차피 재고 차감이나 폐기 처리로 정리되니 원가에 영향을 주지 않는다고 생각한다. 그러나 구매 시점에서 이미 비용이 발생했기 때문에 사용하지 못한 부분도 반드시 원가에 반영해야 한다.

둘째, 폐기 비용은 손실 계정으로 처리하면 충분하다는 착각이다. 일부 담당자는 사용량만 원가에 반영하고, 남은 원재료 비용은 손실로만 처리한다. 하지만 이렇게 되면 제품 단가는 실제보다 낮게 산출되고, 손익 분석은 왜곡된다.

셋째, ERP·엑셀에서 코드 처리 오류다. 사용량만 기록되도록 설정된 경우, 남거나 버려진 원재료 비용은 시스템에 잡히지 않는다. 이 때문에 제품 단가와 실제 비용 사이에 괴리가 생기고, 잘못된 정보에 근거해 경영 판단을 내리게 된다.

이처럼 단기적으로는 손익이 개선된 것처럼 보이지만, 원재료가 폐기되는 시점에는 큰 손실이 드러난다. 결국 월별 손익은 이익으로 나타나고, 연말에는 손실이 집중되는 왜곡이 발생한다. 이는 경영진이 문제의 원인을 정확히 파악하기 어렵게 만들고, 개선 방안 수립도 지연시킨다.

가중 단가로 남은 원재료까지 반영하라

해결책은 가중 단가 방식이다. 즉, 실제 사용량만이 아니라 남거나 버려지는 원재료 비용까지 포함해 단가를 계산하는 것이다.

예를 들어 2kg(10,000원)을 매입해 1.9kg만 사용하고 0.1kg을 폐기했다면, 단가는 "10,000 ÷ 2kg"이 아니라 "10,000 ÷ 1.9kg" 기준 단가를 적용해야 한다. 이렇게 해야 제품 단가가 실제 구매 비용을 반영할 수 있다.

가중 단가 방식을 ERP·엑셀에 반영하면 자동으로 환산할 수 있다. 예를 들어 "구매 비용 ÷ 구매량" 대신 "구매 비용 ÷ 실제 사용량" 공식을 적용하면, 폐기분도 자동으로 원가에 반영된다. 이를 통해 단가 왜곡을 막고, 담당자가 달라져도 일관된 기준을 유지할 수 있다.

❖ 원재료를 구매했지만 사용량만 반영하면 실제보다 낮은 원가가 계산되고, 수익성이 과대평가된다.

❖ 남거나 버려지는 원재료 비용을 제외하면 월별 손익은 좋아 보이지만, 폐기 시점에는 큰 손실이 발생한다.

❖ 실무에서 흔히 하는 오류는 "사용량만 반영" 인식, "손실 계정 처리로 충분하다"는 착각, ERP 입력 누락이다.

❖ 해결책은 가중 단가 방식으로, 사용하지 못한 원재료 비용까지 포함해 단가를 산출하는 것이다.

❖ ERP·엑셀에 가중 단가 방식을 반영하면 담당자별 편차 없이 일관된 기준으로 원가를 계산할 수 있다.

부산물 수익을 반영해야 원가가 정확하다

부산물이 원가에 미치는 영향

식품 제조 과정에서는 주제품만 생산되는 것이 아니다. 원료를 손질하는 과정에서 머리, 뼈, 내장, 껍질, 지방 등이 부산물로 발생한다. 과거에는 대부분 폐기되거나 사료·비료로 활용되었지만, 최근에는 부산물도 별도의 제품이나 판매 수익으로 이어지는 경우가 많다.

예를 들어 어육 제품을 만들 때 생선 뼈와 내장은 과거에는 폐기 비용이 들던 항목이었으나, 현재는 가공해 사료 원료로 판매할 수 있다. 축산물 역시 뼈, 지방, 내장 부위 등이 소시지 원료나 가공 식품으로 재활용된다. 즉, 부산물은 단순한 폐기물이 아니라 원가와 수익 구조에 직접 영향을 주는 자원이다.

원가 계산에서 부산물을 반영하지 않으면 발생하는 문제는 크게 두 가지다. 첫째, 부산물의 판매 수익이 원가에 반영되지 않아 제품 단가가 실제보다 높게 계산된다. 둘째, 부산물이 갖는 자가 사용 가치나 부가 가치 창출 효과가 누락된다. 결국 원가는 왜곡되고, 수익성 분석과 가격 전략도 잘못된 방향으로 이어질 수 있다.

따라서 부산물을 어떻게 처리하고, 수익을 어떻게 반영할 것인지 명확한 기준을 마련하는 것이 원가 관리의 중요한 과제다.

📟 부산물 처리 방식의 실제 사례

사례 1: 오리 손질 과정의 부산물

한 가공업체는 오리 한 마리에서 평균 500g의 뼈와 내장을 부산물로 얻는다. 과거에는 이 부산물을 전량 폐기했지만, 최근에는 kg당 300원 수준으로 판매하고 있다. 부산물 판매 수익을 원가에 반영하지 않았을 때는 제품 단가가 높게 계산되어 경쟁력이 떨어졌다. 반대로 부산물 수익을 차감하자, 제품 단가가 합리적으로 조정되어 시장 가격 경쟁력이 높아졌다.

사례 2: 생선 가공 부산물

생선을 손질할 때 발생하는 내장은 예전에는 단순 폐기 대상으로 여겨졌으나, 일부 업체는 이를 젓갈 원료로 판매하고 있다. 부산물 판매 수익을 원가에 반영하지 않았을 때는 제품 단가가 실제보다 높게 산출되었고, 수익성이 낮다고 잘못 판단했다. 그러나 부산물 수익을 젓갈 원료 판매 금액으로 반영하자 원가 구조가 현실적으로 맞아떨어지고, 제품별 수익성 분석도 정확해졌다.

사례 3: 채소 가공 부산물

김치 제조업체는 배추 겉잎과 속대 등 부산물을 매일 대량으로 폐기해 왔다. 그러나 최근에는 이를 건조해 사료 업체에 납품하고 있다. 부산물을 반영하지 않았을 때는 월별 원가가 과대 계상되었고, 경영진은 손익이 낮다고 판단했다. 그러나 부산물 수익을 원가에 반영한 후에는 제품별 수익성이 개선되고, 가격 전략도 안정되었다.

이 사례들은 공통적으로 부산물 수익을 원가에 반영하지 않으면 제품 단가가 실제보다 높아지고, 시장 경쟁력이 낮아진다는 점을 보여 준다.

부산물을 반영하지 않았을 때의 문제

실무에서는 부산물을 반영하지 않는 경우가 여전히 많다. 그로 인해 생기는 대표적인 문제는 다음과 같다.

첫째, 제품 단가 과대 계산이다. 부산물을 반영하지 않으면 제품 단가가 실제보다 높게 산출되고, 수익성이 낮다고 잘못 판단하게 된다.

둘째, 부산물 처리 비용만 고려하는 오류다. 부산물을 판매하거나 자가 사용해 가치를 창출할 수 있음에도 불구하고, 단순히 폐기 비용만 반영하면 원가 구조는 왜곡된다.

셋째, 부산물의 자가 사용 가치를 무시하는 문제다. 예를 들어 부산물을 재투입해 다른 제품 원료로 활용한다면 이는 원재료비 절감 효과로 이어진다. 그러나 이를 반영하지 않으면 제품 단가와 실제 생산 구조가 불일치한다.

넷째, 데이터 미반영이다. ERP나 엑셀에서 부산물 계정을 별도로 관리하지 않아 수익 반영이 누락되는 경우가 많다. 이 경우, 수익성 분석은 왜곡되고, 경영 판단은 잘못된 정보에 기반하게 된다.

결국 부산물을 반영하지 않으면 제품별 손익 구조가 잘못 잡히고, 가격 전략이 왜곡되며, 수익성 착시가 발생한다.

부산물 반영 기준을 체계화하라

부산물을 관리하려면 명확한 반영 기준과 체계적인 관리 방법을 세워야 한다.

첫째, 부산물 발생량을 계량화해야 한다. 예를 들어 오리 한 마리에서 발생하는 뼈와 내장의 평균 무게, 배추 한 포기에서 발생하는 겉잎의 무게 등을 표준화해 기록한다.

둘째, 부산물 단가를 주기적으로 업데이트해야 한다. 시장 가격이나 판매 단가 변동을 ERP에 반영해 실제 원가 계산에 활용할 수 있도록 해야 한다.

셋째, ERP·엑셀 시스템에 반영한다. "주제품 원가 - 부산물 수익" 공식이 적용되도록 원가 구조를 설정해야 한다. 이를 통해 제품별 순 재료비가 자동으로 계산된다.

넷째, 부산물 수익을 별도 계정으로 등록한다. 판매 수익뿐 아니라 자가 사용 가치를 기록해, 원재료 절감 효과까지 원가에 반영해야 한다.

다섯째, 내부 지침으로 표준화한다. 현장에서 담당자마다 다른 기준으로 부산물을 처리하지 않도록 회사 차원의 원칙과 매뉴얼을 마련해야 한다.

이처럼 부산물 반영 기준을 체계화하면 제품 단가와 손익 분석이 안정화되고, 경영 판단의 신뢰성이 높아진다.

핵심 요약 정리

❖ 부산물은 단순 폐기물이 아니라 원가와 수익 구조에 직접 영향을 주는 자원이다.

❖ 부산물을 반영하지 않으면 제품 단가가 실제보다 높게 계산되고, 수익성 분석이 왜곡된다.

❖ 부산물 처리 사례(오리·생선·채소)는 공통적으로 부산물 반영 여부가 원가 정확성에 결정적임을 보여 준다.

❖ 관리 기준은 발생량 계량화, 단가 업데이트, ERP 반영, 별도 계정 관리, 내부 표준화로 정리해야 한다.

❖ 부산물 수익 반영은 단순한 회계 처리가 아니라, 가격 전략과 수익성 판단에 직접 연결되는 핵심 활동이다.

가공비 계산, 까다롭지만 쉽게 하는 방법

비가동 시간을 반영해야 인건비가 맞다

작업 시간만으로는 인건비를 설명할 수 없다

식품 제조기업의 현장에서 자주 나오는 오해 중 하나는 "작업 시간 = 인건비"라는 단순한 생각이다. 예를 들어 한 제품 가공에 2시간이 걸렸다고 하면, 인건비도 2시간만 계산하면 된다고 여기기 쉽다. 그러나 실제로는 다르다.

작업자가 손을 움직여 생산에 직접 투입한 시간 외에도 준비, 대기, 정리, 청소 같은 활동은 모두 비용을 발생시킨다. 이 시간을 무시하고 단순 작업 시간만 반영하면 인건비가 실제보다 낮게 산출된다. 결과적으로 제품 단가가 실제보다 낮아지고, 수익성은 과대평가된다.

정확한 인건비 계산의 핵심: 총 투입 시간과 비가동률

정확한 인건비 계산은 제품 생산에 투입된 전체 인력 시간, 즉 총 공수(man-hour)를 기준으로 한다. 총 공수에는 작업자가 실제로 생산 활동에 참여한 시간뿐만 아니라 준비, 대기, 청소, 점검 같은 비생산 시간이 모두 포함된다.

여기서 중요한 개념이 바로 비가동이다. 비가동이란 작업자가 현장에 있어도 실제 생산 활동으로 이어지지 않는 시간을 의미한다. 설비 세팅, 자재 준비, 중간 휴식, 공정 간 대기, 설비 점검, 작업 종료 후 청소와 기록 정리 등이 모두 비가동에 해당한다. 이 시간 역시 임금이 지급되므로 인건비에는 반드시 반영되어야 한다.

비가동 산출 절차는 아래와 같다.

- 하루 기준 총 근무 시간 산정
  - 예: 1일 근무 8시간 = 480분

- 비가동 시간 목록화 및 계량
  - 조회 10분, 휴식 30분, 청소 30분, 라벨 교체 5분 등 반복되는 항목을 분 단위로 기록
  - 공정·라인별로 표준값을 따로 설정할 수 있다.

- 비가동률 계산
  - 비가동률 = 비가동 시간 합계 ÷ 총 근무 시간
  - 예: 조회 10 + 휴식 30 + 청소 30 = 70분 → 70 ÷ 480 = 14.6%

- 작업 시간 보정
  - 보정 작업 시간 = 실작업 시간 × (1 + 비가동률)
  - 예: 작업 시간 2시간 × (1 + 0.146) = 2.292시간으로 반영

- 주기적 갱신
  - 비가동률은 계절·제품 믹스에 따라 달라질 수 있다. 최근 1년 데이터를 기준으로 52주 이동평균을 산출해 표준값을 업데이트하는 것이 바람직하다.

이 절차대로 총 투입 시간과 비가동률을 반영하면 담당자가 바뀌어도 인건비 계산이 일관되게 유지되고, 단순 작업 시간만 사용할 때 생기는 과소 계산과 수익성 착시를 예방할 수 있다.

잘못된 계산이 만드는 착시와 오류

현장에서 단순 작업 시간만 기준으로 인건비를 계산하면 다양한 착시와 오류가 발생한다.

사례 1: 단순 작업 시간만 반영한 경우

한 업체는 작업 시간만 반영해 인건비를 산출했다. 그러나 설비 점검과 청소 시간이 30분 포함되어 있었음에도 불구하고 이를 반영하지 않았다. 그 결과, 인건비는 실제보다 낮게 산출되었고, 제품 단가는 경쟁사보다 낮게 책정되었다. 이는 일시적인 경쟁력처럼

보였지만, 실제 수익성은 악화됐다.

사례 2: 빠른 작업이 실제 절감으로 이어지지 않은 경우

공정 개선으로 작업 속도는 빨라졌지만, 준비와 점검 같은 부수 시간은 그대로였다. 작업 시간만 기준으로 계산하면 인건비가 줄어든 것처럼 보인다. 그러나 실제로는 준비·점검 시간이 총 투입 시간에 포함되기 때문에 전체 인건비는 변하지 않았다.

즉, 작업 시간만 반영한 계산은 생산성 향상을 제대로 보여 주지 못하고, 오히려 인건비 절감 효과가 있는 것처럼 왜곡된 수치를 만들어 낸다. 따라서, 총 투입 시간 기준으로 인건비를 계산해야만 개선 효과를 정확히 반영할 수 있다.

인건비 계산 방법: 총 공수와 비가동률 가산

제품당 인건비를 계산하는 방법은 두 가지로 정리할 수 있다.

첫째, 총 공수 방식이다.

- 제품당 인건비 = (총 공수 × 시간당 임율) ÷ 생산 수량

여기서 공수는 작업 시간뿐 아니라 준비, 대기, 청소, 재작업까지 포함한 전체 투입 시간이다. 가장 정확하지만 기록 관리가 번거로운 단점이 있다.

둘째, 비가동률 가산 방식이다.

- 제품당 인건비 = (작업 시간 × (1 + 비가동률) × 투입 인원 × 임율) ÷ 생산 수량

평균 비가동률을 미리 산정해 작업 시간에 일괄 적용하는 방식이다. 예를 들어 비가동률이 15%라면, 작업 시간 2시간은 원가 계산상 2.3시간으로 환산된다. 이 방식은 단순하고 일관성 있게 관리할수 있다는 장점이 있어, 특히 표준원가 체계에서 유용하다.

실무에서는 총 공수 방식이 원칙이지만, 관리 편의성과 표준원가 설정을 위해 비가동률 가산 방식을 병행하는 것이 가장 현실적이다.

🖩 실무에서 적용할 관리 방법

정확한 인건비 관리를 위해서는 몇 가지 체계가 필요하다.

첫째, 비가동률을 산정해야 한다. 현장의 작업을 표준화해 주기적으로 비가동 시간을 측정하고, 최근 1년간 데이터를 기반으로 52주 평균치를 관리하는 것이 안정적이다.
둘째, 표준값을 시스템에 반영한다. ERP나 엑셀에 계산식을 넣어 두면 작업 시간 입력 시 자동으로 비가동률이 보정되어 담당자별 차이를 줄일 수 있다.

셋째, 정기 검증이 필요하다. 실제 투입 시간과 표준 비가동률을 비교해 차이가 크면 기준을 조정해야 한다.

마지막으로, 총 공수 기준을 병행하면 좋다. 공정별 총 공수를 별도로 두면 비가동률 보정 방식이 현실을 반영하는지 검증하는 지표로 활용할 수 있다.

이 네 가지 관리 체계만 갖추면 인건비 계산은 단순한 산식이 아니라 현실을 반영한 안정적인 관리 기준이 된다.

 핵심 요약 정리

❖ 인건비를 단순 작업 시간만으로 계산하면 실제보다 낮게 산출되어 원가가 왜곡된다.

❖ 정확한 인건비 계산은 준비, 대기, 청소, 점검을 포함한 총 투입 시간을 기준으로 해야 한다.

❖ 실무에서는 총 공수 방식과 비가동률 가산 방식을 병행하는 것이 가장 현실적이다.

❖ ERP·엑셀에 계산식을 반영해 자동으로 보정되도록 해야 담당자별 편차를 줄일 수 있다.

❖ 비가동 시간을 반영하지 않으면 수익성 착시가 발생하고, 잘못된 가격 전략으로 이어진다.

인건비는 급여가 아니라
노동력 사용의 총비용이다

급여만으로 인건비를 설명할 수 없다

식품기업 현장에서 인건비를 계산하다 보면 종종 인건비를 단순히 급여와 동일하게 생각하는 경우가 있다. "직원 월급이 300만 원이니 인건비도 300만 원이다"라는 식이다. 하지만 이는 명백한 착각이다. 실제 인건비는 급여뿐만 아니라 각종 수당, 4대 보험, 복리후생, 퇴직금 등 다양한 항목을 포함한다. 급여만 반영하면 제품 단가는 실제보다 낮게 산출되고, 수익성 분석도 왜곡된다.

인건비는 노동력 사용에 들어간 모든 비용이다

인건비(Labor Cost)는 제품 생산에 투입된 노동력에 대해 회사가 부담하는 총비용을 의미한다. 기본급뿐 아니라 각종 수당, 상여금, 복리후생비, 4대 보험 회사 부담분, 퇴직금 적립 등 모든 노동 관련 비용이 포함된다.

또한 인건비는 성격에 따라 크게 두 가지로 나뉜다.

- **직접 인건비**: 제품 생산에 직접 투입되는 인력의 비용. 예를 들어 절임, 세척, 포장, 검사 작업자가 이에 해당한다.

- **간접 인건비**: 생산 현장에 상주하지만 직접 생산에 참여하지는 않고 현장을 관리·지원하는 인력의 비용. 예를 들어 생산 관리자, 품질 관리자, 공정 감독자 등이 여기에 속한다.

일반적으로, 제품 생산에 직간접적으로 투입되는 인력(작업자, 생산관리자, 품질관리자 등)은 제조원가(재료비, 인건비, 경비)에 포함된다.

반대로 영업사원, 회계팀, 대표이사와 같이 생산 현장과 직접 관련이 없는 인력의 급여는 판매관리비(SG&A)로 분류하는 것이 통상적인 회계 처리 기준이다.

다만, 실제 기업에서는 내부 회계정책이나 ERP 설정에 따라 예외가 있을 수 있다. 예를 들어 일부 회사는 생산관리자를 제조원가가 아닌 관리 비용으로 잡기도 하고, 반대로 일부 사무 인력을 간접 인건비로 포함하기도 한다.

따라서 원가 계산 실무에서는 자사의 회계 기준과 ERP 구조를 먼저 확인한 뒤, 기준에 맞게 적용하는 것이 중요하다.

급여만 반영할 때 생기는 계산 오류

실무에서 자주 발생하는 오류는 인건비를 급여만으로 계산하는 것이다. 예를 들어 직원의 월 기본급이 250만 원일 때, 4대 보험료 25만 원과 식대 10만 원, 연차수당 20만 원 등을 포함하면 실제 인건비는 250만 원이 아니라 305만 원이 된다. 월 근무 시간을 200시간으로 나누면 시급은 15,250원이 되어야 하지만, 급여만 반영하면 12,500원으로 계산된다. 이렇게 계산된 단가는 실제보다 낮아지고, 제품 수익성은 과대평가된다.

또 다른 오류는 일부 항목을 누락하는 것이다. 예를 들어 관리자 급여는 간접 인건비에 해당하지만, 현장에서 단순히 "직접 작업자가 아닌 인원은 제외"라는 기준을 적용해 빠지는 경우가 있다. 그러나 간접 인건비를 제외하면 제품별 단가는 왜곡되고, 총비용 대비 수익성 판단도 잘못된다.

정확한 인건비 계산 기준과 처리 방법

제품별 인건비를 정확히 산출하려면 먼저 인건비에 포함되는 항목을 정의하고, 이를 근무 시간으로 나누어 단가를 계산해야 한다.

예를 들어 직원의 월 급여가 250만 원이고, 여기에 4대 보험료 25만 원, 식대 10만 원, 연차수당 20만 원이 추가된다면 총 인건비는 305만 원이다. 월 근무 시간이 200시간이라면, 305만 원 ÷ 200시간 = 15,250원이 시간당 인건비 단가가 된다. 이 단가를 기준으로 제품별 투입 시간을 곱해 제품 단가에 반영하는 것이 올바른 계산 방식이다.

포함 항목을 정의해 체계적으로 관리하라

정확한 인건비 관리를 위해서는 다음과 같은 체계가 필요하다.

첫째, 인건비 기준표를 작성해야 한다. 어떤 항목을 인건비에 포함할지 사전에 명확히 정리해야 한다. 예를 들어 식대, 상여금, 퇴직금 등을 어떻게 반영할지 회사 차원의 기준을 마련해야 불필요한 혼선이 줄어든다.

둘째, 직원 구분별 임율 관리가 필요하다. 정규직, 계약직, 아르바이트, 외주 인력은 근무 형태와 조건이 다르므로, 각각 다른 시간당 인건비를 산정해야 한다.

셋째, ERP·회계 시스템에 반영해야 한다. ERP에서 인건비를 입력할 때 급여만 기록하는 것이 아니라 수당과 복리후생, 보험료 등을 포함한 총비용을 기준으로 입력해야 제품 단가가 정확히 산출된다.

넷째, 변동성 있는 항목을 반영해야 한다. 분기별 상여금, 인센티브, 특수 수당 등은 일정하지 않지만 원가에 큰 영향을 준다. 이를 제외하면 특정 시기의 원가가 실제보다 낮게 계산되고, 손익 분석에 착시가 발생한다.

❖ 인건비는 단순 급여가 아니라 노동력 사용에 따른 총비용이다.

❖ 정확한 인건비에는 기본급 외에 4대 보험, 수당, 복리후생, 퇴직금 등이 모두 포함되어야 한다.

❖ 직접 인건비와 간접 인건비를 구분해 관리해야 한다.

❖ 급여만 반영하면 제품 단가가 실제보다 낮게 산출되어 잘못된 수익성 판단으로 이어진다.

❖ ERP·회계 시스템에 총비용 기준으로 인건비를 반영해야 제품별 원가가 정확히 계산된다.

인력 임율 계산,
실무에서는 평균으로 관리하라

🔲 인력별 임율, 개별 계산이 필요한가?

식품 제조기업에는 정규직, 계약직, 아르바이트, 외주 인력 등 다양한 형태의 근로자가 함께 일한다. 이론적으로는 인력별 급여 수준, 근무 형태, 복리후생 조건 등이 다르므로 인력별로 임율을 각각 산출하는 것이 맞아 보인다. 하지만 실무에서는 이렇게 세세하게 구분하는 것이 현실적으로 어렵고, 관리 효율성 측면에서도 바람직하지 않다.

현장에서 필요한 것은 모든 인력의 차이를 반영해 개별 단가를 산출하는 것이 아니라, 인건비를 대표할 수 있는 평균 임율을 산출해 일관된 기준으로 적용하는 것이다.

🖩 임율 계산의 이론과 현실

이론적으로 인건비 임율은 다음과 같이 구분할 수 있다.

- **정규직**: (기본급 + 각종 수당 + 복리후생 + 4대 보험 + 퇴직금 적립) ÷ 총 근무 시간
- **아르바이트·파트타임**: 시급 × 근무 시간, 4대 보험이나 복리후생 반영은 제한적
- **일용직·단기 근로자**: 일급 ÷ 근무 시간, 별도 수당이 있으면 추가 반영
- **외주 인력**: 계약 금액 ÷ 투입 시간, 외주 단가에 포함된 비용을 고려

이처럼 인력 형태별로 임율을 따로 계산하면 이론적으로는 가장 정확하다. 하지만 대부분의 식품기업은 정해진 TO(정규직 몇 명, 파트타임 몇 명, 외주 몇 명) 체계로 운영된다. 이 구조에서는 개인별·직군별 차이를 나누는 것보다 전체 인건비 총액을 전체 공수로 나눈 평균 임율 하나를 산출해 관리하는 것이 훨씬 실용적이다.

🖩 52주 평균 임율로 관리하는 것이 현실적이다

실무에서는 보통 연간 총 인건비 ÷ 연간 총 공수로 표준 임율을 정한다. 즉, 1년간 데이터를 모아 평균 시간당 인건비를 산출하고 이를 모든 제품에 적용하는 것이다.

예를 들어 한 식품기업의 생산직 전체 연간 인건비 총액이 7억 2천만 원이고 연간 총 공수가 48,000시간이라면, 표준 임율은 시간

당 15,000원이 된다. 특정 제품에 0.12시간이 투입되고 현장의 평균 비가동률이 15%라면, 적용 시간은 0.12 × (1+0.15) = 0.138시간이다. 따라서 제품당 인건비는 0.138 × 15,000 = 2,070원으로 계산된다.

이 방식의 장점은 명확하다.

첫째, 연장·야간 근무, 상여금, 복리후생 등 변동 항목이 연간 평균에 흡수되어 월별로 들쭉날쭉하지 않는다.

둘째, 정규직과 파트타임, 외주 인력의 구성 변화가 있더라도 연간 총액과 총 공수 안에서 자연스럽게 반영된다.

셋째, ERP나 엑셀에 연간 임율만 고정해 두면 계산이 단순해지고, 원가 누락 위험도 줄어든다.

임율 산정의 실제 사례

사례 1: 이론적 구분의 복잡함

한 김치기업은 정규직과 아르바이트, 외주 인력을 각각 다른 임율로 적용해 제품 단가를 산출했다. 그러나 실제로는 동일한 생산라인에서 혼합 투입되었고, 작업별 배분 과정에서 오류가 발생했다. 결국 ERP 단가 계산에서 평균값으로 재정리할 수밖에 없었다.

사례 2: 평균 임율의 단순성과 안정성

또 다른 기업은 연간 총 인건비와 총 투입 시간을 기준으로 평균 임율을 산출했다. 이 값에 52주 평균 비가동률을 반영해 제품 단가에 적용했다. 결과적으로, 연도별 인력 구성 변화에도 큰 혼선 없이 안정적으로 원가를 관리할 수 있었다.

이 사례들은 모두 세부 구분보다 평균 임율을 적용하는 것이 현실적으로 효율적임을 보여 준다.

▦ 평균 임율과 비가동률을 결합해 관리하라

실무에서 인건비를 합리적으로 관리하려면 단순히 급여 수준만 보는 것이 아니라, 평균 임율과 비가동률을 함께 반영하는 방식이 필요하다. 이 두 가지를 결합하면 인력별 차이나 계절적 변동에도 흔들리지 않고, 보다 안정적으로 원가를 계산할 수 있다.

먼저, 평균 임율을 산정해야 한다. 이는 연간 총 인건비를 연간 총 공수로 나누어 계산한다. 평균 임율은 모든 인력 형태를 아우르는 기준이 되므로, 개별 인력별 차이를 하나로 묶어 관리할 수 있다.

둘째, 이렇게 산출한 평균 임율에 현장의 표준 비가동률을 가산해야 한다. 준비, 대기, 점검, 청소처럼 직접 생산에 투입되지 않는 시간도 실제로는 임금이 지급되므로 반드시 반영되어야 한다. 평균 임율에 비가동률을 더하면 보다 현실적인 인건비 단가를 얻을 수 있다.

셋째, 산정된 기준은 ERP나 엑셀 같은 시스템에 반영해야 한다. 작업 시간을 입력하고 자동으로 비가동률이 가산되도록 설정하면,

담당자가 누구든 동일한 기준으로 인건비가 계산된다.

마지막으로, 정기적인 갱신이 필요하다. 연 1회 이상 평균 임율을 재산정하고, 인력 구조에 큰 변화가 있으면 중간 점검을 통해 표준 값을 조정해야 한다. 이렇게 해야 관리 기준이 현실을 정확히 반영할 수 있다.

결국 평균 임율과 비가동률을 결합한 관리 방식은 인건비를 단순한 급여 수준이 아니라, 실제 생산 현장을 반영한 합리적인 기준으로 바꿔 주는 가장 실질적인 방법이다.

핵심 요약 정리

❖ 인건비 임율은 인력별로 다르지만, 실무에서는 총 인건비 ÷ 총 공수로 산출한 52주 평균 임율이 가장 현실적이다.

❖ 정규직, 아르바이트, 외주 인력 모두 현장에 투입되면 인건비에 포함해야 한다.

❖ 평균 임율에 비가동률을 가산하면 단순하면서도 안정적인 원가 산출이 가능하다.

❖ ERP·엑셀에 연간 평균 임율을 고정하고 자동 계산되도록 설정하는 것이 효과적이다.

❖ 세부 구분보다 평균과 비가동률 관리가 중소기업의 표준원가 관리 방식으로 가장 실용적이다.

인건비는 인원수가 아니라
공수가 기준이다

투입 인원 변동이 원가에 미치는 영향

식품 제조기업의 생산 현장에서는 계절, 주문량, 요일별 스케줄에 따라 투입 인원이 수시로 바뀐다. 이럴 때 종종 "오늘은 12명이 작업했고, 어제는 6명만 투입되었으니 인건비가 크게 달라졌을 것이다"라는 식으로 판단한다. 하지만 이는 잘못된 생각이다. 인원이 늘었다고 해서 제품당 인건비가 그대로 늘어나는 것이 아니며, 반대로 인원이 줄었다고 해서 제품당 인건비가 반드시 줄어드는 것도 아니다. 인건비는 단순히 사람 수로 판단하는 것이 아니라 총 공수와 생산량의 관계 속에서 이해해야 한다.

🔲 정확한 인건비 계산 기준: 인원이 아니라 공수

인건비는 단순히 "몇 명이 일했느냐"가 아니라 "얼마나 많은 공수가 들어갔고, 그 결과 얼마나 생산했느냐"에 따라 결정된다.

총 공수는 투입 인원수와 작업 시간을 곱한 값으로, 결과적으로 얼마나 많은 노동력이 투입되었는지를 보여 준다.

- 공수(man-hour) = 투입 인원 × 작업 시간

제품당 인건비는 투입 공수를 생산량으로 나누어 계산한다.

- 제품당 인건비 = (총 공수 × 임율) ÷ 생산량

즉, 인원이 늘어나더라도 생산량이 함께 늘어나면 제품당 인건비는 크게 달라지지 않는다. 반대로, 인원이 줄었는데 생산량도 줄면, 제품 단가는 오히려 올라갈 수도 있다. 결국 중요한 것은 인원수 자체가 아니라 공수 대비 생산량 비율, 다시 말해 생산성(Productivity)이다.

🔲 잘못된 판단 사례로 보는 오류

사례 1: 인원 증가 = 원가 상승이라는 착각

한 반찬기업은 평소 8명이 하루 3,000개를 생산하던 라인에 명절

주문으로 10명을 투입했다. 회계팀은 인건비가 25% 증가했다고 계산했지만, 실제로는 생산량도 25% 증가해 제품당 인건비는 동일했다.

사례 2: 인원 감소 = 원가 절감이라는 착각

한 도시락 제조기업은 평소 10명 투입으로 하루 3,000개를 생산했다. 어느 날, 인원을 7명으로 줄였더니 생산량도 2,100개로 줄었다. 인건비 총액은 줄었지만, 제품당 인건비는 (7 × 8 × 13,000) ÷ 2,100 = 347원, 기존 346원과 거의 차이가 없었다. 인원이 줄었다고 해서 제품당 단가가 낮아진 것은 아니었다.

총 공수 기준으로 계산하는 방법

인원 변동에도 원가 계산은 단순하다. 기본 구조만 유지하면 된다.

- 제품당 인건비 = (투입 인원 × 작업 시간 × 임율) ÷ 생산량(예시)

- ○월 ○일, 8명 × 8시간 = 64공수, 임율 13,000원, 생산량 4,160개
  → 제품당 인건비 = (64 × 13,000) ÷ 4,160 = 200원

- 다음날, 6명 × 8시간 = 48공수, 생산량 3,120개
  → 제품당 인건비 = (48 × 13,000) ÷ 3,120 = 200원 동일

즉, 공수와 생산량이 비례하면 제품당 인건비는 일정하게 유지된다.

인력 변동에도 흔들리지 않는 관리 체계

인건비를 안정적으로 관리하려면 인력 변동에 휘둘리지 않는 관리 체계를 구축해야 한다.

- 제품별 공수 기준표 설정: 제품 단위당 평균 투입 공수를 기준값으로 만든다.
  예: 김치 1kg = 0.015공수, 떡갈비 1개 = 0.012공수.
- 작업 일지 기록: 작업 일지에 인원, 작업 시간, 생산량을 함께 기록해 공수가 자동 산출되도록 한다.
- 평균값 기준 관리: 인원 변동이 잦은 기업일수록 일별 단가보다는 주간·월간 평균 공수 기준으로 관리하는 것이 안정적이다.
- ERP·엑셀 연계: 인원, 시간, 생산량을 입력하면 자동으로 제품당 인건비가 계산되도록 시스템을 구축한다.

❖ 인건비는 인원수가 아니라 총 공수와 생산량의 관계로 결정된다.

❖ 투입 인원수가 달라져도 공수 대비 생산성이 일정하다면, 제품당 인건비는 변하지 않는다.

❖ 인원 변동으로 잘못된 판단을 피하려면 제품별 공수 기준표를 마련해야 한다.

❖ 작업 일지 기록과 ERP·엑셀 시스템을 활용해 총 공수 기준으로 자동 산출되도록 해야 한다.

❖ 인력 변동이 잦은 현장일수록 주간·월간 평균 공수로 관리하는 것이 안정적이다.

경비는 직접 계산이 아니라 합리적으로 배분해야 한다

경비는 왜 애매하게 느껴질까

식품 제조기업에서 원가를 계산할 때 재료비나 인건비는 누구나 쉽게 구분할 수 있다. 그러나 현장에서는 "이 비용은 어디에 넣어야 할까?" 하고 망설여지는 항목들이 있다. 전기요금, 수도요금, 설비 감가상각비, 소모품 구입비, 위생 장갑과 마스크 같은 소모품, HACCP 인증을 위한 위생 관리비, 폐기물 처리비 등이 대표적이다. 이런 비용들은 특정 제품에 직접 연결되지 않기 때문에 재료비나 인건비로 분류하기는 어렵다. 바로 이러한 항목들이 경비다.

재료비도 인건비도 아닌 생산 간접비

경비는 재료비와 인건비를 제외하고, 제품을 생산하는 과정에서 반드시 발생하는 제조간접비를 의미한다. 전기·가스·수도와 같은 유틸리티 비용, 설비의 유지·보수비, 작업장 청소와 환경 관리비, 안전·위생 관리 비용 등이 모두 여기에 해당한다.

경비는 특정 제품 하나에 직접 귀속되지 않고, 생산 활동 전반을 가능하게 하는 간접 비용이라는 특징이 있다. 즉, 제품 생산에 반드시 필요하지만 제품 속에 남지 않는다. 따라서, 단순히 비용을 묶어 놓는 것이 아니라, 발생 성격에 맞게 구분하고 체계적으로 관리해야 정확한 원가 산출이 가능하다.

경비는 직접 계산보다 간접 배분으로 반영해야 한다

재료비와 인건비는 특정 제품별로 직접 계산이 가능하다. 하지만 경비는 공장 전체나 여러 공정에서 공통으로 발생하기 때문에 특정 제품에 바로 귀속시키기 어렵다. 예를 들어 전기료는 여러 라인이 함께 쓰고, 방충·방역비는 전 제품을 대상으로 한다. 따라서 경비는 총액을 집계한 뒤, 사전에 정의한 기준에 따라 나누어야 한다. 이 과정을 경비 배분이라 하고, 이를 위해 사용하는 단위 지표가 경비율이다.

경비율을 활용한 합리적 배분

경비율은 총 경비를 일정 기준량으로 나눈 값이다. 예를 들어 한 달 동안 전기료 200만 원, 수도료 50만 원, 설비 감가상각비 150만 원이 발생해 총 400만 원의 경비가 집계되었다고 하자. 같은 달 전체 작업 시간이 1,000시간이었다면, 시간당 경비율은 400만 원 ÷ 1,000 = 4,000원이 된다. 만약 제품 A를 생산하는 데 0.25시간이 걸린다면, 이 제품이 부담해야 할 경비는 1,000원이 된다.

즉, 경비율은 여러 경비 항목을 합산한 금액을 제품별로 합리적으로 나누는 단위 가격이다. 항목별 특성에 따라 배부 기준은 달라질 수 있다. 전기료와 감가상각비는 설비 가동시간, 수도료는 세척량이나 생산량, 소모품은 공수 기준을 적용하는 식이다. 이렇게 산출한 경비율에 제품별 기준값을 곱하면 실제와 가까운 단가를 계산할 수 있다.

📟 경비 관리 체계를 표준화하라

경비를 정확히 계산하려면 연간 단위로 항목별 총액을 수집하는 것이 바람직하다. 식품기업은 성수기와 비수기에 따라 생산량과 경비 사용량이 크게 달라지기 때문에 월별이나 분기별 데이터만 가지고 계산하면 왜곡이 생길 수 있다. 1년 전체를 기준으로 데이터를 모아 평균치를 내면 계절 변동이 상쇄되고, 안정적인 52주 평균 경비율을 산출할 수 있다.

다음 단계는 제품이나 공정별로 배분 기준을 정의하고 일관되게 적용하는 것이다. 예를 들어 전기료는 설비 가동 시간, 감가상각비는 공정별 설비 사용 비율, 세제와 장갑 같은 소모품은 작업 공수 기준으로 나누는 방식이다. 항목별 기준을 정리하고 문서화하면 경비 배분의 혼란을 줄일 수 있다. 각 항목은 회계 계정 코드와 연결해 관리하는 것이 좋다.

경비 관리 체계는 정기적으로 검토해야 한다. 최소 연 1회는 배부 기준이 현실과 맞는지 확인하고, 필요하면 수정한다. ERP나 엑셀을 활용해 항목별 총액과 기준 데이터를 입력하면 제품별 경비가 자동으로 계산되도록 설계할 수 있다. 이렇게 하면 누락과 오류를 막고, 제품별 단가와 손익 분석의 신뢰도를 높일 수 있다.

 핵심 요약 정리

❖ 경비는 재료비와 인건비 외에 제품 생산에 반드시 필요한 간접 비용이다.

❖ 전기, 가스, 수도, 설비 감가상각, 소모품, 위생 관리, 폐기물 처리 등이 대표적 경비 항목이다.

❖ 경비는 직접 집계가 어렵기 때문에 합리적인 배분 기준에 따라 간접 반영해야 한다.

❖ 연간 단위로 총액을 집계하고 52주 평균 경비율을 산출하면 계절적 변동을 상쇄할 수 있다.

❖ 항목 구분과 배분 기준을 표준화하고 ERP·엑셀과 연계하면 누락과 오류를 최소화할 수 있다.

경비 배분 기준, 원칙과 현실을 구분하라

현장에서 가장 흔히 쓰는 매출액·수량 기준

중소기업에서 경비 배분은 대부분 재무·회계팀이 담당한다. 이 부서는 제품별 작업 시간 같은 세부 데이터를 확보하기 어렵기 때문에 매출액이나 생산 수량 기준으로 경비를 나누는 경우가 많다. 계산이 간단하고 보고서 작성에도 편리하기 때문이다.

그러나 이런 방식은 제품별 원가와 수익성을 왜곡한다. 예를 들어 국내산 원료로 담근 김치는 원재료 단가가 높아 매출이 크고, 수입산 원료를 쓴 김치는 단가가 낮아 매출이 작다. 두 제품 모두 절임·세척·포장에 소요되는 작업 시간은 동일한데, 매출액 기준으로 경비를 나누면 국내산 김치가 실제보다 훨씬 많은 경비를 부담하게 된다. 결국 국내산 김치는 수익성이 낮아 보이고, 수입산 김치는 수익성이 높아 보이는 착시가 발생한다.

생산 수량 기준도 마찬가지다. 동일하게 1,000개를 생산했다고 해도 조리 제품은 불과 가스를 많이 사용하고, 단순 포장 제품은 자원 사용이 거의 없다. 그럼에도 단순히 수량으로만 나누면 이런 차이가 반영되지 않아 제품별 원가가 왜곡된다.

📟 원칙적으로는 항목별 기준이 가장 합리적이다

경비를 가장 정확하게 배분하려면 항목별 특성을 고려해야 한다. 전기료와 감가상각비는 설비 가동 시간이나 전력 사용량을 기준으로, 수도료와 세척제는 세척량이나 생산량을 기준으로, 위생 장갑·마스크 같은 소모품은 작업 공수 기준으로 배분하는 것이 타당하다. 방충·방역·HACCP 인증 비용 같은 항목은 제품군별 평균 사용량을 기준으로, 공장 임차료와 보험료 같은 고정비는 생산량이나 매출액 기준으로 나눌 수 있다.

종합식품회사처럼 수십, 수백 가지의 다양한 품목을 동시에 생산하고, 조리·살균·냉동·포장 등 여러 설비와 공정을 병행하는 기업의 경우에는 경비 배분 기준을 항목별로 세분화하지 않으면 실제와 괴리된 원가가 산출될 수 있다. 예를 들어 동일한 시간 동안 가동하더라도 살균 설비는 가스와 전기를 많이 쓰고, 단순 포장 설비는 상대적으로 에너지 사용이 적다. 이런 차이를 반영하지 않고 시간 기준 하나로만 배분하면 에너지 다소비 제품의 원가는 낮게, 단순 공정 제품의 원가는 높게 계산되는 왜곡이 발생한다. 따라서 원칙적으로는 전기료, 수도료, 감가상각비, 위생 소모품 등 항목별 특성에 맞는 기준을 각각 적용하는 접근이 가장 이상적이다.

▦ 중소기업 현실에서는 단순화가 합리적이다

대부분의 중소기업은 생산 품목이 단순하고 설비 종류도 제한적이다. 이런 구조에서는 경비 배분을 항목별로 세분화해 관리하는 수고에 비해 얻는 결과값의 차이가 크지 않다. 따라서 현실적인 대안은 작업 시간을 기준으로 단순하게 배분하는 것이다.

작업 시간 기준이 다른 기준보다 타당한 이유는 명확하다. 생산량 기준은 제품별 소요 시간이 다름에도 동일한 수량으로만 나누기 때문에 실제 자원 사용 차이를 반영하지 못한다. 예를 들어 같은 1,000개를 생산했더라도 단순 포장 제품과 조리·살균 제품의 자원 소모는 크게 다르다. 인원수 기준도 한계가 있다. 투입 인원은 같아도 작업 난이도와 공정 시간이 다르면 자원 사용량은 달라지기 때문이다. 매출액 기준은 더 왜곡이 심하다. 단가는 원재료 가격에 따라 달라지는 경우가 많아, 매출이 크다고 해서 반드시 많은 경비를 쓰는 것은 아니다. 반대로 원가가 낮아 매출액이 작은 제품이 실제로는 더 긴 시간을 차지하고 더 많은 자원을 소모할 수 있다.

이와 달리 작업 시간은 대부분의 경비 항목과 직접적으로 연결된다. 전기와 수도, 세제, 장갑 같은 위생 소모품은 작업 시간이 늘어나면 자연스럽게 더 많이 사용된다. 즉, 시간이 길수록 자원이 더 투입되므로, 작업 시간을 기준으로 하는 것이 실제와 가장 가까운 경비 배분 방식이 된다.

다만 여러 공장을 운영하는 경우에는 공장별로 경비율을 따로 관리하는 것이 필요하다. 공장마다 설비 구성, 에너지 사용 패턴, 생산 프로세스가 다르기 때문이다. 예를 들어 A 공장은 자동화 설비가 많아 전기 사용 비중이 높고, B 공장은 조리와 세척 공정 위주라 가스와 수도 사용이 많을 수 있다. 전체를 하나로 묶어 경비율을 계산하면 특정 공장의 제품이 실제보다 원가가 낮거나 높게 나오는 왜곡이 발생한다. 따라서 공장 단위로 경비율을 관리하면 각 공장의 특성을 반영해 더 현실적인 원가를 산출할 수 있고, 공장별 손익 분석과 효율 개선에도 활용할 수 있다.

📟 외부 보고용과 내부 관리용 원가는 목적이 다르다

재무제표 공시나 세무 신고처럼 외부에 제출하는 원가는 매출액이나 생산 수량 기준으로 배분해도 문제가 없다. 회계 데이터만으로 산출할 수 있고, 외부 비교 가능성도 유지되기 때문이다.

하지만 내부적으로 제품별 손익을 분석하고 가격 전략이나 제품 믹스를 결정하는 경우에는 작업 시간 기준이 훨씬 타당하다. 전기·수도·세제·소모품 등 많은 경비 항목이 실제 작업 시간을 따라 움직이기 때문이다.

즉, 외부 보고용 원가와 내부 관리용 원가는 목적이 다르기 때문에 기준도 달라야 한다. 외부 보고용은 회계 관점에서 단순성과 공시 목적을 우선하고, 내부 관리용은 생산 현장의 실제 자원 사용을 반영하는 기준을 우선해야 한다. 이 구분을 명확히 해야 경영진과 현장 실무자 사이의 불필요한 논쟁을 줄일 수 있다.

단가가 아닌 공헌이익으로
원가를 관리하라

생산량이 줄면 단가가 오른다?

식품 제조기업 실무자나 경영진이 자주 겪는 혼란 중 하나는 생산량 변화에 따른 단가 변동이다.

"이번 달 주문량이 줄어서 생산을 덜 했는데, 제품 단가가 갑자기 높아졌어요. 계산이 잘못된 거 아닌가요?"

"한 제품만 따로 생산했더니 단가가 두 배로 나왔습니다. 왜 이런 거죠?"

이런 질문은 결국 원가의 기본 구조, 특히 고정비와 변동비의 차이를 명확히 이해하지 못해서 생긴다. 생산량 변화는 단가에 직접적인 영향을 미치며, 이를 오해하면 가격 전략을 잘못 세우거나 효율성을 잘못 판단하는 오류로 이어진다.

🖩 고정비와 변동비가 단가에 미치는 영향

제품 단가는 크게 고정비와 변동비로 나눌 수 있다.

변동비는 생산량에 비례해 늘어난다. 원재료비, 포장재비, 외주 작업비, 시간제 인건비 등이 대표적이다. 고정비는 생산량과 관계 없이 일정하게 발생한다. 설비 감가상각비, 관리자 급여, 공장 임차료, 유틸리티 기본료 등이 여기에 해당한다.

제품 단가 공식은 다음과 같다.

- 제품 단가 = (고정비 + 변동비) ÷ 생산 수량

따라서 고정비는 생산량이 많을수록 더 넓게 분산되어 단가가 낮아지고, 생산량이 줄면 소수의 제품이 더 많은 고정비를 부담해 단가가 높아진다.

예를 들어 고정비가 100만 원일 때, 생산량이 10,000개라면 제품당 고정비는 100원이다. 그런데 생산량이 절반으로 줄어 5,000개가 되면 제품당 고정비는 200원으로 늘어난다. 생산량 변화만으로 단가가 두 배가 되는 셈이다.

🖩 단가 변동을 잘못 해석하기 쉬운 세 가지 착시

첫째, "단가가 올랐으니 손해다."

단가 상승이 곧 손해를 의미하는 것은 아니다. 고정비 배분 구조

때문에 단가가 높아졌을 뿐, 실제로는 판매가에서 변동비를 뺀 공헌이익이 충분하다면 손해가 아니다.

둘째, "소량 생산은 무조건 비효율적이다."

소량 생산이라고 해서 항상 비효율적인 것은 아니다. 같은 라인에서 다른 제품과 함께 생산된다면 고정비는 여러 제품이 나누어 부담하게 된다. 단독으로 생산할 때만 고정비가 집중되므로, 이 경우에만 단가가 높아지는 점을 주의해야 한다.

셋째, "생산량이 줄었는데 단가가 그대로라면 계산이 틀린 것이다."

반드시 그렇지는 않다. 고정비를 별도로 구분하고 변동비 중심으로 단가를 계산하는 관리회계 방식에서는 생산량이 줄어도 단가가 변하지 않을 수 있다. 반면 재무회계 기준(총원가 방식)을 적용하면 단가가 변동한다. 따라서, 단가를 해석할 때는 어떤 방식(재무회계 기준인지, 관리회계 기준인지)을 적용했는지를 확인해야 한다.

단가보다 공헌이익으로 봐야 하는 이유

단가만 보고 수익성을 판단하면 오해가 생긴다. 이럴 때 필요한 개념이 공헌이익(contribution margin)이다.

- 공헌이익 = 판매가 - 변동비

고정비는 회사 전체가 함께 부담하는 비용으로 관리하고, 제품별 수익성은 공헌이익을 중심으로 판단하는 것이 바람직하다.

예를 들어, A 제품의 판매가가 1,500원이고 변동비가 900원이라면, 공헌이익은 600원이다. 고정비가 100만 원일 때 생산량이 1,000개라면 총원가 기준 단가는 (100만 + 90만) ÷ 1,000 = 1,900원으로, 판매가보다 높아 보인다. 하지만 공헌이익이 600원이므로, 회사 전체 고정비를 감안하면 생산을 계속하는 편이 회사 이익에 기여한다.

OEM 납품 단가 의사 결정의 기준

실무에서 자주 나오는 질문 중 하나는 "OEM 납품 요청을 받았는데, 제시된 단가가 원가 수준이라면 납품해야 할까요?"라는 것이다.

이때는 가동률을 먼저 고려해야 한다. 만약 공장의 가동률에 여유가 있다면, 원가 수준의 납품이라도 전체 수익성 개선 효과를 기대할 수 있다. OEM 납품 자체에서 큰 이익은 발생하지 않더라도 생산량이 늘어나면서 고정비가 더 넓게 분산되고, 그 결과 자사몰에 직접 판매하는 제품의 원가가 낮아지기 때문이다.

즉, OEM 제품은 작은 이익만 남겨도 전체적으로는 자사 제품의 수익성을 높이는 긍정적 효과를 줄 수 있다. 반대로 가동률이 이미 포화 상태라면, OEM 납품이 오히려 자사 제품 생산을 줄이는 결과를 가져오거나 초과근무수당 등을 고려했을 때는 손해로 이어질 수 있다. 따라서 단순히 OEM 단가만 보지 말고, 공헌이익과 가동률을 함께 고려한 종합 판단이 필요하다.

📟 단가와 공헌이익을 함께 보는 관리 체계

첫째, 고정비와 변동비를 명확히 구분하는 기준을 세운다. 관리자 급여, 감가상각, 임차료는 전사 고정비로 분류하고, 원재료비, 생산직 인건비, 포장비 등은 제품별 변동비로 관리한다.

둘째, 단가 계산서에 '고정비 포함/제외'를 표시한다. 재무회계용 단가는 총원가 기준으로, 관리회계용 단가는 변동비 중심으로 각각 산출해 비교할 수 있게 해야 한다.

셋째, 공헌이익 분석표를 정기적으로 작성한다. 제품별 판매가, 변동비, 공헌이익을 한눈에 볼 수 있게 하면 단가 이상으로 정교한 의사 결정을 할 수 있다.

넷째, 생산량 변화나 OEM 납품 요청이 발생하면 단가 변동 원인을 즉시 분석한다. ERP나 엑셀에서 생산량·단가 추이를 모니터링할 수 있는 구조를 갖추면, 단순 단가 착시에 흔들리지 않고 종합적인 판단을 내릴 수 있다.

❖ 생산량이 줄면 단가가 오르는 것은 고정비 배분 단위가 줄어드는 자연스러운 현상이다.

❖ 단가 상승을 곧 손실로 해석해서는 안 된다. 단가는 공헌이익(판매가 - 변동비)과 함께 분석해야 한다.

❖ OEM 납품 단가가 원가 수준이어도 공헌이익이 확보된다면 전체 수익성 개선에 기여할 수 있다.

❖ 단가 계산은 종합원가 기준과 변동원가 기준을 구분해 적용해야 한다.

❖ ERP·엑셀에 생산량·판매가·변동비를 입력해 단가와 공헌이익을 동시에 모니터링 하면 보다 정확한 의사 결정이 가능하다.

원가는 단순 계산이 아니라
경영 판단의 언어다

🖩 원가 계산만으로는 경영 판단이 되지 않는다

많은 식품기업 현장에서 이런 이야기를 들을 수 있다.

"ERP에서 원가는 잘 뽑히는데, 실제 의사 결정에는 별로 도움이
안 돼요."

"원가표는 있는데 가격 책정이나 제품 전략에는 반영이 안 됩니
다."

"계산된 단가와 현장의 체감이 달라서 혼란스럽습니다."

즉, 원가 계산 자체가 목적이 되어 버리는 문제다. 숫자는 나왔지
만, 그것이 가격 전략, 제품 믹스 조정, 생산 계획, 외주 여부 판단
같은 실제 경영 판단으로 이어지지 않는다. 계산된 원가를 보고서
에만 머무르게 하지 않고, 실제 경영 의사 결정의 기준으로 연결하
려면 원가 데이터를 해석하고 시뮬레이션하는 과정이 필요하다.

계산된 원가가 단순 숫자에 그치지 않고 의사 결정 도구가 되려면 몇 가지 연결 고리가 필요하다.

첫째, 재무회계용 원가와 관리회계용 원가의 구분이다. 재무회계용 원가는 고정비와 변동비를 모두 포함한 총원가 기준으로 산출되며, 외부 보고에 사용된다. 반면 관리회계용 원가는 변동비 중심으로 제품별 공헌이익을 분석할 때 유용하다. 이 둘을 혼동하면 단가 해석이 왜곡된다.

둘째, 공헌이익 분석이다. 단가가 높다고 무조건 비효율적인 것은 아니며, 공헌이익이 충분하다면 생산을 지속하는 것이 바람직할 수 있다. 반대로 단가가 낮더라도 공헌이익이 음수라면 과감히 축소하거나 단종을 고려해야 한다.

셋째, 제품 믹스와 가격 전략으로의 연결이다. 계산된 원가를 기반으로 어떤 제품을 확대하고 어떤 제품을 줄일지 판단해야 한다. 단순히 원가를 계산하는 데 그친다면 전략적 의사 결정에는 쓸모가 없다.

넷째, 생산·외주 의사 결정과 투자 판단이다. 공정별 원가를 기준으로 외주 단가와 비교하거나, 자동화 설비 투자 타당성을 검토할 수 있어야 한다.

원가를 경영 전략에 활용하는 방법

원가 데이터를 경영 판단으로 연결하는 방법은 다양하다.

첫째, 가격 책정이다. 제품별 변동비, 고정비, 공헌이익을 분석해 가격의 하한선을 정할 수 있다. 예를 들어 OEM 협상에서 제시된 단가가 원가 수준이라도 공헌이익이 양수고, 가동률 여유가 있다면 수락할 수 있다는 판단이 가능하다.

둘째, 제품 믹스 조정이다. 전체 매출에서 차지하는 비중 대비 공헌이익 기여도가 낮은 제품은 축소하거나 단종을 고려하고, 공헌이익이 높은 제품은 집중 육성한다.

셋째, 생산과 외주 여부 판단이다. 특정 공정의 내부 단가가 외주 단가보다 높다면 외주를 고려하고, 반대로 내부 단가가 낮다면 자체 생산을 유지한다.

넷째, 영업·마케팅 전략 수립이다. 원가 구조를 근거로 마케팅 비용 투입 우선순위를 정할 수 있다. 공헌이익이 높은 제품에 집중 투사하는 것이 바람직하다.

다섯째, 투자 의사 결정이다. 원가 데이터를 기반으로 새로운 설비 도입이나 자동화 투자 타당성을 검토할 수 있다. 이때 반드시 필요한 것이 시뮬레이션이다.

투자 판단에는 반드시 시뮬레이션이 필요하다

많은 기업은 "인건비가 줄어드니 설비 자동화에 투자하면 되겠지?"라고 단순하게 생각한다. 하지만 실제로는 투자비를 얼마까지 써야 하는지, 언제 회수 가능한지를 명확히 판단하지 못하는 경우가 많다.

이를 위해 권장하는 방법이 시뮬레이션이다. 기존 투입 인원 기준으로 생산했을 때의 원가는 이미 계산되어 있으므로, 가정치를 바꾸어 원가 양식에 대입해 보는 것이다.

예를 들어 현재 한 제품 라인에 10명의 작업자가 투입되고, 이들의 연간 인건비가 3억 원이라고 하자. 자동화 설비를 도입해 인원을 3명 줄일 수 있다면 연간 9,000만 원의 인건비 절감 효과가 생긴다. 제품당 절감액이 90원이고, 연간 예상 판매량이 100만 개라면 연간 절감액은 9,000만 원이다. 만약 투자비를 2년 내 회수하고 싶다면 최대 투자 한도는 1억 8천만 원이다. 즉, 시뮬레이션을 통해 "2년 안에 회수할 수 있는지"라는 명확한 기준을 세울 수 있고, 경영진은 더 합리적인 의사 결정을 내릴 수 있다.

이처럼 원가 데이터를 바탕으로 한 시뮬레이션은 단순 계산된 현재 원가를 넘어, 미래 전략 판단의 나침반이 된다.

❖ 계산된 원가는 보고서에 그치지 않고, 경영 판단의 출발점이 되어야 한다.

❖ 원가 정보는 가격 책정, 제품 믹스 조정, 생산·외주 의사 결정, 마케팅 전략 수립, 투자 검토 등 다양한 전략적 의사 결정에 활용될 수 있다.

❖ ERP 숫자나 단순 회계 데이터에 의존하기보다, 실제 경영 상황을 반영한 관리회계적 시각으로 해석해야 한다.

❖ 특히 투자 판단에서는 시뮬레이션이 필수적이다. 설비 도입, 외주 의뢰 등 주요 의사 결정을 내릴 때는 다양한 시나리오를 통해 투자 타당성과 효과를 검증해야 한다.

❖ 원가는 단순한 비용 수치가 아니라, 경영 전략의 언어이자 미래 판단의 나침반이다.

표준원가,
계산법은 기본이고
관리 노하우가 핵심이다

원가를 정확하게 산출하는 것은 매우 중요하다. 하지만 아직 체계적인 원가 관리가 이루어지지 않는 기업이라면, 처음부터 완벽한 정확성을 추구하기보다는 쉽게 관리할 수 있는 방법으로 시작하는 것이 더 바람직하다. 관리의 첫걸음을 내딛는 것이 우선이며, 이후에 점차 정확도를 높여 가는 방식으로 접근하는 것이 현실적이다.

예를 들어 원가요소별로 정밀한 배분 기준을 세우는 방법이 있다. 작업 시간 기준으로 배분하거나 매출액 기준으로 배분하는 방식처럼 여러 기준을 세분화하면 정확성은 올라가지만, 그만큼 복잡해지고 관리 부담도 커진다. 이 책에서는 처음부터 이런 복잡한 기준을 적용하지 않고, 쉽고 빠르게 관리 체계를 세울 수 있는 방법을 우선 소개한다.

따라서 이 챕터에서는 사각형의 면적을 가로 × 세로로 구하는 방식처럼 원가계산도 단순하고 직관적인 형태로 설명한다. 이는 관리 체계를 갖추지 못한 기업도 부담 없이 원가 관리를 시작할 수 있도록 돕기 위한 것이며, 향후에는 상황에 맞춰 점진적으로 정밀한 기준을 추가할 수 있다.

이 책에서 설명하는 원가 계산은 엑셀 양식을 통해 실습해야 이해가 훨씬 쉽다. 따라서 독자들이 직접 실습할 수 있도록 별도의 동영상 강의를 기획하고 있으며, 현장의 사례와 함께 계산 과정을 단계별로 따라 할 수 있게 전달하는 것을 목표로 한다. 또한 현재 식품기업 특성에 맞춘 표준원가 관리 시스템을 개발 중이며, 시스템이 완성되면 식품기업의 실제 업무 환경에서 원가를 보다 효율적으로 관리하는 데 큰 도움이 될 것이다.

비가동률 산출

비가동률 개념 리뷰

비가동률은 총 근무 시간 중 실제 생산으로 이어지지 않는 시간이 차지하는 비율을 의미한다. 조회, 휴식, 청소, 설비 점검 등은 반드시 발생하지만, 세품 생산량에는 직접 반영되지 않기 때문에 비가동으로 분류된다.

산출 기본 개념

비가동률은 다음과 같은 식으로 계산된다.

- 비가동률 = 비가동 시간 ÷ 총 근무 시간

예를 들어 하루 총 근무 시간이 480분이고, 이 중 조회·휴식·청소·점검 시간이 80분이라면, 비가동률은 80 ÷ 480 = 16.7%가 된다.

산출 항목과 기본 개념

비가동률을 계산하려면 총 근무시간을 구성하는 세부 항목을 엑셀에 입력해야 한다. 주요 항목은 다음과 같다.

비가동률 산출 템플릿

생산 가능 시간	총 근무 시간 (분)	
비가동 시간	조회/점검	
	오전 휴식	
	오후 휴식	
	청소/정리	
	기타	
	계	
비가동률		

총 근무 시간

하루 기준 근무 시간을 의미한다. 예를 들어 1일 8시간 근무라면 총 근무 시간은 480분(8시간 × 60분)이다.

조회/점검

근무 시작 전에 실시하는 아침 조회나 위생·안전 교육, 또는 설비 상태 점검 시간이 여기에 해당한다.

예시: 아침 조회 5분, 설비 점검 5분 → 합계 10분

휴식

법정 휴게 시간이나 회사에서 정한 오전·오후 휴식 시간을 모두 합한 값이다.

예시: 오전 휴식 15분 + 오후 휴식 15분 → 합계 30분

청소/정리

작업 종료 후 현장 정리, 위생 청소, 기계 세척에 드는 시간이다.

예시: 청소 및 정리 20분

기타

라벨 교체, 설비 내기, 원새료 대기 등 생산량에는 직접 반영되지 않는 시간이 여기에 포함된다.

예시: 라벨 교체 10분, 설비 대기 10분 → 합계 20분

계

이 항목들을 합산한 값을 의미한다.

식품 중소기업을 위한 원가 계산부터 관리까지, 핵심 가이드

예시 데이터

항목	설명	예시 시간(분)
총 근무 시간	하루 기준 근무 시간 (8시간 × 60분)	480
조회·점검	조회, 안전 교육, 설비 점검 시간	10
휴식	오전·오후 휴식 시간 합계	30
청소·정리	현장 청소, 기계 세척 시간	20
기타 비가동	라벨 교체, 설비 대기 등	20
비가동 합계	조회·휴식·청소·기타 시간 합계	80
비가동률	비가동 합계 ÷ 총 근무 시간 (80 ÷ 480)	16.7%

▣ 비가동률 산출 예시

위 데이터를 엑셀에 입력하면 자동 계산식으로 비가동률이 산출된다. 예를 들어 총 근무 시간과 세부 항목을 각각 입력하면 최종 결과로 비가동률 16.7%가 표시된다.

비가동률 산출 예시

생산 가능 시간	총 근무 시간 (분)	480
비가동 시간	조회/점검	10
	오전 휴식	15
	오후 휴식	15
	청소/정리	20
	기타	20
	계	80
비가동률		16.7%

🖩 작성 시 주의 사항

- 항목명은 회사 기준으로 통일해 관리해야 한다. (예: '점검'과 '설비 점검'을 혼용하지 않기)
- 매월 변동을 모두 기록하기보다 연간 평균값을 활용하는 것이 안정적이다.
- 휴식이나 점검 시간이 길어지면 비가동률이 높아질 수 있으므로 주기적으로 검토해야 한다.
- 특정 공정만을 대상으로 산출할 경우, 반드시 전체 평균과 함께 비교해 봐야 한다.

🖩 실무 TIP

- 라인이나 공정별 특성이 다르면 각각의 비가동률을 별도로 산출하는 것이 필요하다.
- 여러 라인의 비가동률을 통합 관리하려면 평균값을 내되, 편차가 큰 라인은 별도 분석을 병행해야 한다.

식품 중소기업을 위한 원가 계산부터 관리까지, 핵심 가이드

작업 공수 정리

작업 공수란 무엇인가

작업 공수는 단순한 시간 개념이 아니라 투입 인원 × 작업 시간으로 계산되는 값이다.

예를 들어 5명이 8시간 일하면, 작업 공수는 40(= 5 × 8)이다. 따라서 동일한 8시간이라도 투입 인원이 달라지면 작업 공수는 크게 달라진다.

생산직 기준으로만 집계해야 한다

작업 공수는 반드시 생산직 인원 기준으로만 집계한다. 사무직, 관리직, 지원 부서 인원까지 포함하면 실제 제품 제조에 투입되지 않은 시간이 공수에 더해져 단가가 왜곡된다.

우리가 표준원가를 계산할 때는 제품 생산을 기준으로 시간당 인건비와 경비를 산출한다. 즉, 단위 제품을 만드는 데 직접 기여한 인력만 반영해야 정확한 단위당 원가가 계산된다. 따라서 생산직 공수만 집계하고, 사무직·관리직·지원 부서는 별도로 판관비에서 관리하는 것이 원칙이다.

작업 공수는 계절성, 성수기, 비수기 등을 모두 포함한 52주의 평균을 활용하는 것이 가장 합리적이므로 1월부터 12월까지의 생산직 공수로 집계한다. 만약 정규 작업 시간 공수와 잔업 시간 공수로 구분이 어려운 경우에는 정규 작업 시간 공수와 잔업 시간 공수를 합하여 계산해도 상관없다. 작업 공수를 집계하는 양식은 아래와 같다.

작업 공수 집계 템플릿

구분	작업 공수		
	정규 공수	잔업 공수	합계
1월			
2월			
3월			
4월			
5월			
6월			
7월			
8월			
9월			
10월			
11월			
12월			
합계			

▦ 공수 집계가 어려운 경우의 대체 방법

많은 중소기업은 월별 작업 공수를 직접 집계하지 않는다.

이런 경우에는 생산직 인원 × 월 근무 일수 × 1일 근무 시간으로 단순 계산해도 무방하다.

예시(2월 기준):

- 월별 생산직 인원: 20명
- 월 근무 일수: 20일
- 1일 근무 시간: 8시간
- 작업 공수 = 20 × 20 × 8 = 3,200 공수

연간 작업 공수 예시 표

월	생산직 인원	근무 일수	1일 근무 시간	정규 공수 (=인원×일수× 시간)	잔업 공수	합계 공수
1월	20명	22일	8시간	3,520	220	3,740
2월	20명	20일	8시간	3,200	200	3,400
3월	20명	23일	8시간	3,680	230	3,910
4월	20명	21일	8시간	3,360	210	3,570
5월	20명	22일	8시간	3,520	220	3,740
6월	20명	22일	8시간	3,520	220	3,740
7월	20명	23일	8시간	3,680	230	3,910
8월	20명	21일	8시간	3,360	210	3,570
9월	20명	22일	8시간	3,520	220	3,740
10월	20명	22일	8시간	3,520	220	3,740
11월	20명	21일	8시간	3,360	210	3,570
12월	20명	21일	8시간	3,360	210	3,570
합계				41,600	2,600	44,200

연간 작업 공수를 산출할 때는 정규 근무 시간 공수와 잔업 공수를 모두 합산해야 한다. 정규 공수만 반영하면 실제 투입 공수가 축소되어 계산되므로 단가가 왜곡될 수 있다. 따라서, 연간 총 공수는 반드시 정규 공수 + 잔업 공수의 합계(41,600 + 2,600 = 44,200 공수)로 집계해야 한다. 다만 잔업 공수는 별도로 관리해 추세를 확인하고, 총 공수 기준에는 포함시켜 원가 계산에 반영하는 것이 바람직하다.

작업 공수 산출 예시

위 데이터를 엑셀에 입력하면 월별·연간 작업 공수 합계를 확인
할 수 있다.

(연간 정규 공수 41,600, 잔업 공수 2,600 → 총 44,200 공수)

작업 공수 산출 예시

구분	작업 공수		
	정규 공수	잔업 공수	합계
1월	3,520	220	3,740
2월	3,200	200	3,400
3월	3,680	230	3,910
4월	3,360	210	3,570
5월	3,520	220	3,740
6월	3,520	220	3,740
7월	3,680	230	3,910
8월	3,360	210	3,570
9월	3,520	220	3,740
10월	3,520	220	3,740
11월	3,360	210	3,570
12월	3,360	210	3,570
합계	41,600	2,600	44,200

📟 작성 시 주의 사항

- 공수 집계는 반드시 생산직 인원만 반영한다.

- 성수기·비수기 변동을 고려해 연간 합계치 기준으로 평균화해야 한다.

- 잔업 공수는 별도로 관리하고, 연간 합계치와 평균값까지 포함해야 정확하다.

- 라인이나 공정별로 생산 품목과 특성이 다를 경우, 라인별 작업 공수를 별도 관리하는 것이 필요하다.

임율 산출 방법

임율이란 무엇인가

임율은 시간당 인건비, 즉 1공수당 인건비를 계산하기 위한 기준이다. 작업 공수를 집계했다면 전년도 인건비 총액을 전년도 공수 총합으로 나누어 계산하며, 이후 현재 연도의 인건비 인상률을 반영해 확정 임율을 구한다.

임율 산출 시 포함 대상

임율 계산에는 생산직과 사무직 인건비를 모두 포함해야 한다. 다만 판관비로 분류되는 인건비는 제외한다. 만약 생산직과 사무직 구분이 어려운 경우에는 합계 금액만 입력해도 무방하다. 인건비 집계 양식은 아래와 같다.

인건비 집계 템플릿

구분	급여		
	생산직	사무직	급여 합계
1월			
2월			
3월			
4월			
5월			
6월			
7월			
8월			
9월			
10월			
11월			
12월			
합계			

전년도 인건비 입력

임율 산출도 성수기, 비수기 등을 모두 포함한 52주 평균 원칙을 따르는 것이 가장 합리적이므로 전년도 인건비 자료를 기준으로 한다. 아래와 같이 생산직과 사무직 인건비를 월별로 입력하고, 이를 합계하여 연간 총액을 구한다.

예시(작년 기준 인건비)

구분	생산직 인건비	사무직 인건비	합계
1월	80,000,000	20,000,000	100,000,000
2월	75,000,000	18,000,000	93,000,000
…	…	…	…
12월	82,000,000	19,000,000	101,000,000
합계	950,000,000	230,000,000	1,180,000,000

임율 산출 계산

전년도 인건비 총합을 전년도 총 작업 공수로 나누어 산출 임율을 구한다.

임율 산출 템플릿

구분	급여		
	생산직	사무직	급여 합계
1월	80,000,000	20,000,000	100,000,000
2월	75,000,000	18,000,000	93,000,000
3월	:	:	-
4월	:	:	-
5월	:	:	-
6월	:	:	-
7월	:	:	-
8월	:	:	-
9월	:	:	-
10월	:	:	-
11월	:	:	-
12월	82,000,000	19,000,000	101,000,000

구분	급여		
	생산직	사무직	급여 합계
합계	950,000,000	230,000,000	1,180,000,000

산출 임율	26,697
인건비 인상률	5%
확정 임율	28,032

- 전년도 인건비 총합 = 1,180,000,000원

- 전년도 총 작업 공수 = 44,200공수

- 산출 임율 = 1,180,000,000 ÷ 44,200 = 26,696원/공수

인건비 인상률 반영

현재 산출한 임율은 작년을 기준으로 작성한 값이므로, 올해 적용할 임율은 인건비 인상률을 반영해야 한다. 인건비 인상률은 작년 대비 올해 평균 인건비 인상률이다.

예시:

- 전년도 대비 올해 평균 인건비 인상률 = 5%

확정 임율은 산출 임율에 인건비 인상률을 반영한 값으로, 실제 올해 원가 계산에 적용되는 최종 임율이다.

예시:

- 산출 임율 = 26,696원/공수

- 인건비 인상률 = 5%

- 확정 임율 = 28,032원/공수

작성 시 주의 사항

- 임율 산출은 성수기·비수기 등 계절 변동을 모두 포함한 52주 평균 값을 기준으로 삼아야 한다.
- 관리비로 분류되는 인건비는 제외하고, 생산직·사무직 인건비만 포함한다.
- 생산직과 사무직 비율이 변동할 경우, 연간 합계치를 기준으로 하는 것이 안정적이다.
- 확정 임율은 전년도 기준으로 산출하되, 올해의 인상률을 반드시 반영해야 한다.

경비율 산출 방법

경비율이란 무엇인가

경비율은 시간당 경비, 즉 1공수당 경비를 계산하기 위한 기준이다. 정확한 경비율을 산출하려면 전년도 경비 총액과 전년도 작업 공수를 기준으로 세산하고, 이후 올해 경비 인상률을 반영하여 확정 경비율을 구해야 한다.

식품 중소기업을 위한 원가 계산부터 관리까지, 핵심 가이드

📟 경비 산출 시 포함 대상

경비율 계산에는 복리후생비, 여비 교통비, 가스·수도료, 감가상
각비, 지급임차료, 수선비, 교육훈련비, 소모품비, 건물관리비 등
과 같이 제조 활동과 직접적으로 관련된 일반 경비를 포함한다.
단, 제품 포장비나 외주가공비는 재료비 항목으로 분류되므로 경비
율 산출에서는 제외해야 한다. 경비 집계 양식은 아래와 같다.

경비 집계 템플릿

구분	경비	비고	반영 경비
복리후생비			
여비교통비			
가스수도료			
감가상각비			
지급임차료			
수선비			
교육훈련비			
소모품비			
건물관리비			
경비 계			

▣ 전년도 경비 입력

경비율 산출 역시 52주 평균 원칙을 적용해야 하므로, 반드시 작년 경비 자료를 기준으로 한다. 아래와 같이 각 항목별 경비를 입력하고 합계를 산출한다.

예시(작년 기준 경비)

구분	금액(원)	비고	반영 경비
복리후생비	120,000,000		120,000,000
여비교통비	30,000,000		30,000,000
감가상각비	80,000,000		80,000,000
소모품비	40,000,000		40,000,000
건물관리비	50,000,000		50,000,000
…	…	…	…
합계	500,000,000		500,000,000

경비율 산출 계산

전년도 경비 총합을 전년도 총 작업 공수로 나누어 산출 경비율을 구한다.

경비율 산출 예시

구분	경비	비고	반영 경비
복리후생비	120,000,000		120,000,000
여비교통비	30,000,000		30,000,000
가스수도료	:		:
감가상각비	80,000,000		80,000,000
지급임차료	:		:
수선비	:		:
교육훈련비	:		:
소모품비	40,000,000		40,000,000
건물관리비	50,000,000		50,000,000
:	:		:
:	:		:
:	:		:
경비 계	500,000,000		500,000,000

산출 경비율	11,312
경비 인상률	3%
확정 경비율	11,652

예시:

- 전년도 경비 총합 = 500,000,000원

- 전년도 총 작업공수 = 44,200공수
- 산출 경비율 = 500,000,000 ÷ 44,200 = 11,312원/공수

📟 경비 인상률 반영

현재 산출한 경비율은 작년 기준이므로, 올해 적용할 경비율은 경비 인상률을 반영해야 한다. 경비 인상률은 작년 대비 올해 평균 경비 상승률이다.

예시:
- 전년도 대비 올해 경비 인상률 = 3%

확정 경비율은 산출 경비율에 경비 인상률을 반영한 값으로, 실제 올해 원가 계산에 적용되는 최종 경비율이다.

예시:
- 산출 경비율 = 11,312원/공수
- 경비 인상률 = 3%
- 확정 경비율 = 11,651원/공수

작성 시 주의 사항

- 경비 산출은 성수기·비수기를 모두 포함한 52주 평균 개념을 적용하기 위해 전년도 자료를 기준으로 입력한다.
- 판관비로 분류되는 비용은 제외하고, 제조 활동에 직접 관련된 경비만 반영한다.
- 제품 포장비나 외주가공비는 재료비로 분류되므로, 경비율 산출에서 제외해야 한다.
- 경비 항목을 세분화해 입력하는 것이 바람직하지만, 항목별 구분이 어려운 경우 합계 금액으로 입력해도 무방하다.
- 전년도 기준으로 입력한 경비는 산출 경비율에 올해 경비 인상률을 반영하여 확정 경비율로 활용한다.

재료비 산출

재료비 개념 리뷰와 산출 목적

재료비는 제품 생산에 직접 투입되는 원재료의 비용을 의미한다. 식품 제조업에서는 전체 제조원가에서 가장 큰 비중을 차지하는 요소며, 원가 변동성도 높다. 따라서 정확한 재료비 산출은 제조원가 관리의 출발점이 된다.

이 장에서는 포기김치 1kg당 재료비를 산출하는 과정을 설명한다.

산출 항목과 기본 개념

재료비를 산출하기 위해서는 다음 항목들을 정확히 이해하고 입력해야 한다. 주요 항목은 다음과 같다.

재료비 산출 템플릿

판매 가능 생산 수량 (kg)			

원재료명	소요량 (kg)	단가 (원/kg)	재료비
합계			-
개당 재료비			-

판매 가능 생산 수량(kg)

최종적으로 판매 가능한 완제품의 수량을 의미한다. 단순 투입량이 아니라 절임 과정에서 발생하는 수율, 공정 중 로스, 부산물 발생 등을 반영한 값이다. 예를 들어 130kg의 원재료를 투입하여 100kg 완제품이 생산된다면, 판매 가능 생산 수량은 100kg이다.

원재료명

제품 제조에 사용되는 모든 원재료명을 기재한다. (예: 배추, 소금, 고춧가루, 마늘, 생강, 새우젓, 멸치액젓, 쪽파, 양파, 기타 재료 등)

소요량(kg)

각 원재료별로 실제 사용되는 양이다. 이는 레시피 기준으로 산출하며, 생산 목표 수량에 따라 비례적으로 조정한다.

단가(원/kg)

각 원재료의 매입 단가를 입력한다. 실제 계약 단가나 최근 평균 매입단가를 활용하는 것이 일반적이다.

재료비

소요량 × 단가로 계산한 금액이다. 예: 배추 100kg × 1,200원 = 120,000원.

합계

모든 원재료비의 총합으로, 총 재료비를 의미한다.

개당 재료비

총 재료비 ÷ 판매 가능 생산 수량으로 계산한 값이다. 단위 제품 1kg당 재료비를 의미한다.

예시 데이터를 통한 재료비 산출

포기김치 100kg 생산을 기준으로 재료비를 산출한 예시는 다음과 같다.

재료비 산출 예시 표

원재료명	소요량(kg)	단가(원/kg)	재료비(원)
배추	100	1,200	120,000
소금	5	500	2,500
고춧가루	7	10,000	70,000
마늘	4	4,000	16,000
생강	2	6,000	12,000
새우젓	4	8,000	32,000
멸치액젓	5	4,500	22,500
쪽파	2	3,000	6,000
양파	5	1,000	5,000
기타 재료	1	2,000	2,000
합계			288,000
개당 재료비			2,880원/kg

이 예시에서는 총 288,000원의 재료비가 소요되며, 이를 최종 생산 수량 100kg으로 나누면 1kg당 재료비는 2,880원이 된다.

📟 **재료비 산출 예시**

위 데이터를 엑셀에 입력하면 총 재료비 합계는 288,000원이며,
이를 최종 판매 가능 생산 수량 100kg으로 나누면 개당 재료비는
2,880원/kg으로 산출된다.

재료비 산출 예시

판매 가능 생산 수량 (kg)			100
원재료명	**소요량 (kg)**	**단가 (원/kg)**	**재료비**
배추	100	1,200	120,000
소금	5	500	2,500
고춧가루	7	10,000	70,000
마늘	4	4,000	16,000
생강	2	6,000	12,000
새우젓	4	8,000	32,000
멸치액젓	5	4,500	22,500
쪽파	2	3,000	6,000
양파	5	1,000	5,000
기타 재료	1	2,000	2,000
합계			288,000
개당 재료비			2,880

- 판매 가능 생산 수량은 반드시 수율과 공정 로스를 반영해 산출한다.

- 단가는 실제 매입 단가나 평균 매입 단가를 기준으로 한다.

- 원재료 투입량과 완제품 수량의 차이는 수율 관리 자료로도 활용할 수 있도록 반드시 기록한다.

- 개당 재료비는 향후 가공비, 인건비, 경비와 합산하여 최종 제조원가 산출의 기초 자료로 활용된다.

가공비 산출

가공비 개념 리뷰와 산출 목적

가공비는 제품을 생산하기 위해 투입되는 인건비와 경비를 합산한 비용을 의미한다. 재료비와 함께 제조원가를 구성하는 핵심 요소 중 하나다.

비가동률은 근무 시간 중 조회, 휴식, 청소, 설비 점검 등과 같이 생산량으로 직접 이어지지 않는 시간이 차지하는 비율이다. 실제 투입 공수를 정확히 계산하기 위해서는 비가동률을 반드시 반영해야 한다.

인건비는 생산직 인력의 실제 작업 시간을 기준으로 산출된다. 투입 인력과 작업 시간을 공수로 환산하고, 여기에 임율을 곱하여 계산한다.

경비는 생산 과정에서 소요되는 간접 비용을 의미한다. 작업 시간과 투입 인력을 기준으로 산출되며, 경비율을 곱하여 계산한다.

임율은 시간당 인건비, 즉 1공수당 인건비를 의미한다. 전년도 인건비 총액을 전년도 총 작업 공수로 나누어 산출하며, 올해 인상률을 반영해 확정 임율을 적용한다.

경비율은 시간당 경비, 즉 1공수당 경비를 의미한다. 전년도 경비 총액을 전년도 총 작업 공수로 나누어 산출하며, 마찬가지로 올해 인상률을 반영해 확정 경비율을 적용한다.

🔲 산출 항목과 기본 개념

가공비를 산출하기 위해서는 다음 항목들을 정확히 이해하고 입력해야 한다. 주요 항목은 다음과 같다.

가공비 산출 템플릿

판매 가능 생산 수량 (kg)	

비가동률	
임율	
경비율	

공정명	투입 인력	작업 시간 (분)	실제 작업 시간(분)	인건비	경비
합계				-	-
개당 인건비 & 경비				-	-

공정명

제품 생산 과정의 세부 단계를 구분한 항목이다. (예: 원재료 검수/전처리, 절임, 헹굼/탈수, 양념 제조, 버무리기/충진, 포장/라벨 등.)

투입 인력

각 공정에 투입되는 생산직 인원의 수를 의미한다.

작업 시간(분)

실제 작업에 소요되는 순수 작업 시간이다.

실제 작업 시간(분)

작업 시간에 비가동률을 반영한 값이다.

산출식: 실제 작업 시간 = 작업 시간 × (1 + 비가동률)

인건비

투입 인력 × 실세 삭업 시간(시간 단위) × 임율로 계산한다.

경비

투입 인력 × 실제 작업 시간(시간 단위) × 경비율로 계산한다.

예시 데이터를 통한 가공비 산출

포기김치 100kg 생산을 기준으로 가공비를 산출한 예시는 다음과 같다.

※ 비가동률 16.7%를 반영하여 실제 작업 시간을 산출하고, 임율 28,032원/시간, 경비율 11,651원/시간을 적용한 예시

가공비 산출 예시 표

공정명	투입 인력	작업 시간(분)	실제 작업 시간 (분)	인건비 (원)	경비(원)
원재료 검수/ 전처리	2	30	35.0	32,713	13,597
절임	2	60	70.0	65,427	27,193
헹굼/탈수	2	40	46.7	43,618	18,129
양념 제조	1	30	35.0	16,357	6,798
버무리기/충진	3	50	58.4	81,783	33,992
포장/라벨	2	45	52.5	49,070	20,395
합계				288,968	120,104

이 예시로 산출된 개당 인건비와 경비는 아래와 같다.

- 인건비/개당 = 288,968 ÷ 100kg = 2,890원/kg

- 경비/개당 = 120,104 ÷ 100kg = 1,201원/kg

▦ **가공비 산출 예시**

위 데이터를 엑셀에 입력한 결과는 다음과 같다.

가공비 산출 템플릿

판매 가능 생산 수량 (kg)	100

비가동률	16.70%
임율	28,032
경비율	11,651

공정명	투입 인력	작업 시간 (분)	실제 작업 시간(분)	인건비	경비
원재료 검수/전처리	2	30	35	32,713	13,597
절임	2	60	70	65,427	27,193
헹굼/탈수	2	40	47	43,618	18,129
양념 제조	1	30	35	16,357	6,798
버무리기/충진	3	50	58	81,783	33,992
포장/라벨	2	45	53	49,070	20,395
합계				288,968	120,104
개당 인건비 & 경비				2,890	1,201

작성 시 주의 사항

- 실제 작업 시간은 반드시 비가동률을 반영해야 한다.
- 임율과 경비율은 전년도 자료를 기준으로 산출하고, 올해 인상률을 반영한 확정 값을 사용한다.
- 공정명은 회사의 생산 공정 흐름에 맞게 설정하되, 동일 용어를 일관되게 사용해야 한다.
- 공정별 인원과 시간은 표준작업 기준을 기반으로 산출하며, 수율 관리와 연계해 검증하는 것이 바람직하다.

식품 중소기업을 위한 원가 계산부터 관리까지, 핵심 가이드

- 개당 가공비는 최종적으로 재료비와 합산되어 제조원가 산출의 기초 자료로 활용된다.
- 작업 시간 입력 시에는 사람이 실제로 투입되는 시간만 기재해야 한다. (예를 들어 가열 공정이 있다면, 가열 버튼을 누르고 설비가 자동으로 작동하는 시간은 제외하고, 사람이 직접 관여하는 시간만 기록해야 한다.)

포장비 산출

포장비 개념 리뷰와 산출 목적

포장비는 제품을 최종적으로 포장하는 데 사용되는 포장재 비용을 의미한다. 식품 제조업에서는 제품 보호, 위생 유지, 운송 효율, 마케팅(브랜드 라벨 부착)까지 포함되는 중요한 비용 항목이다.

포장비 산출은 원재료비·가공비와 함께 제조원가를 구성하는 요소로, 단위 제품당 원가를 산정할 때 반드시 포함해야 한다. 이 장에서는 포기김치 1kg당 포장비를 산출하는 과정을 설명한다.

산출 항목과 기본 개념

포장비를 산출하기 위해서는 다음 항목들을 이해하고 입력해야 한다. 주요 항목은 다음과 같다.

포장비 산출 템플릿

판매 가능 생산 수량 (kg)				
포장재명	소요량	로스율	단가	포장비
합계				

포장재명

포장에 사용되는 자재의 이름을 의미한다. (예: 포장비닐, 라벨지, 종이박스, 비닐타이 등)

소요량

생산량을 기준으로 필요한 포장재의 수량이다. 예를 들어 1kg 단위 포장을 100개 생산한다면 포장비닐 100개가 필요하다.

로스율

포장 불량 등으로 인한 추가 소요분의 비율을 의미한다. (예: 포장비닐을 100개 사용해야 하지만, 불량으로 3개가 더 필요하다면 로스율은 3%이다.)

단가

포장재 한 개당 구매 단가를 의미한다. 실제 구매 단가 또는 최근 평균 단가를 사용한다.

포장비

소요량 × (1 + 로스율) × 단가로 계산한다. 공정상 발생하는 불량분까지 포함된 실소요 비용을 반영한다.

예시 데이터를 통한 포장비 산출

포기김치 100kg(1kg × 100개) 생산 기준으로 포장비를 산출한 예시는 다음과 같다.

포장비 산출 예시 표

포장재명	소요량(개)	로스율(%)	단가(원/개)	포장비(원)
포장비닐(1kg용)	100	3%	200	20,600
라벨지	100	2%	50	5,100
종이박스(10kg용)	10	5%	1,000	10,500
비닐타이	100	1%	30	3,030
합계				39,230

이 예시로 산출된 개당 포장비는 아래와 같다.

- 개당 포장비 = 39,230 ÷ 100 = 392원/kg

포장비 산출 예시

위 데이터를 엑셀에 입력한 결과는 아래와 같다.

포장비 산출 예시

판매 가능 생산 수량 (kg)				100
포장재명	**소요량**	**로스율**	**단가**	**포장비**
포장비닐(1kg용)	100	3%	200	20,600
라벨지	100	2%	50	5,100
종이박스(10kg용)	10	5%	1,000	10,500
비닐타이	100	1%	30	3,030
합계				39,230
개당 포장비				392

작성 시 주의 사항

• 포장재 소요량은 생산 수량과 포장 단위를 기준으로 정확히 산출해야 한다.

• 로스율은 과거 불량률과 현장 데이터를 근거로 산정한다.

• 단가는 실제 매입 단가를 기준으로 하되, 변동이 큰 경우 평균 단가를 사용하는
것이 안정적이다.

• 개당 포장비는 재료비, 가공비와 함께 합산되어 제조원가 산출의 기초 자료로
활용된다.

제조원가 집계와 표준원가 관리 노하우

제조원가 집계

앞 장에서 재료비, 인건비, 경비, 포장비를 각각 산출하였다. 이제 이 네 가지 항목을 합산해 최종적인 제조원가를 집계할 수 있다. 여기서 집계된 값은 실제 생산 과정에서 관리 기준으로 삼는 표준원가에 해당한다.

예시로 포기김치 100kg 생산 기준 제조원가를 정리하면 다음과 같다.

구분	금액(원)	1kg당 원가(원)
재료비	288,000	2,880
인건비	288,968	2,890
경비	120,104	1,201
포장비	39,230	392
합계(제조원가)	736,302	7,363

이렇게 산출된 제조원가는 제품 가격 책정, 손익 분석, 생산성 관리 등 여러 분야에서 기준점으로 활용된다. 특히 식품기업에서는 표준원가를 기준으로 관리해야만 원재료 단가 변동이나 생산 효율 변화에 따라 발생하는 차이를 체계적으로 분석할 수 있다.

하지만 표준원가를 운영하는 과정에서는 현실적으로 여러 애로 사항이 발생한다. 예를 들어 원재료 단가가 자주 변동되어 제품별 원가를 일일이 수정해야 하는 번거로움, 동일 공정에서 용량만 다른 제품을 각각 별도로 계산해야 하는 비효율, 생산량 규모 차이에 따른 단가 변화 관리 등이다.

이러한 문제들을 보다 효율적으로 관리하기 위해 다양한 응용 포인트를 고려할 필요가 있다. 아래에서는 식품기업의 원가 관리에서 자주 발생하는 문제 상황을 정리하고, 이를 해결하기 위한 구체적인 관리 방법을 소개한다.

식품기업은 생산하는 품목이 많을수록 원재료 단가 관리에서 큰 어려움을 겪는다. 예를 들어 김치, 반찬류, 소스류를 동시에 생산하는 기업은 배추, 마늘, 고춧가루 같은 기본 원재료를 여러 제품에서 함께 사용한다. 그런데 고춧가루의 단가가 변동되면, 이를 사용하는 김치뿐 아니라 고춧가루가 들어가는 거의 모든 제품의 표준원가를 다시 계산해야 한다. 현장에서 자주 들을 수 있는 불만 중 하나가 "원재료 가격이 바뀔 때마다 수십 개의 제품 시트를 일일이 고쳐야 한다"는 것이다. 이 과정에서 누락이나 오류가 생기면 실제원가와 관리원가 간에 괴리가 발생하고, 결과적으로 경영 판단에 혼선을 줄 수 있다.

이 문제를 줄이기 위해서는 원부자재 단가를 중앙에서 관리하고, 이를 각 제품 원가 시트에서 불러오는 구조를 만드는 것이 필요하다. 같은 원재료를 여러 제품에서 쓰는 경우가 많으므로, 단가를 한 번만 바꿔도 모든 제품의 표준원가가 자동으로 수정되도록 설계해야 한다. 이렇게 하면 관리 효율성이 높아질 뿐 아니라, 단가 변동에 신속하게 대응할 수 있고, 원가 정보의 일관성과 정확성도 유지할 수 있다.

실무적으로는 엑셀의 VLOOKUP 함수를 활용하는 방법이 가장 많이 사용된다. 원부자재 시트를 따로 만들어 원재료명, 규격, 단위, 단가 등을 입력해 두고, 제품별 레시피 시트에서는 이 원부자재 시트에서 단가를 자동으로 불러오는 방식이다. 예를 들어 김치 원가 시트에서 '고춧가루'를 불러올 때, 원부자재 시트의 고춧가루 단가가 바뀌면 김치 시트의 원가가 즉시 변경된다. 이 구조를 적용하면 고춧가루 단가가 10% 인상되었을 때, 고춧가루를 사용하는 모든 제품의 원가가 한 번의 수정으로 동시에 업데이트된다.

이처럼 VLOOKUP 기반의 단가 관리 방식은 제품 수가 많은 식품기업에서 표준원가 관리의 효율성을 크게 높여 준다. 단순히 시간을 절약하는 수준을 넘어, 단가 변동이 원가와 수익성에 미치는 영향을 신속히 파악할 수 있다는 점에서 경영 의사 결정에도 중요한 도구가 된다.

▦ 기본 단위 환산으로 포장 단위별 원가 관리하기

식품기업은 동일한 제품이라도 용량이나 포장 단위가 달라지는 경우가 많다. 예를 들어 참기름은 100ml, 300ml, 500ml 단위로 판매되고, 김치도 1kg, 5kg, 10kg 단위 포장으로 유통된다. 그런데 이 경우 제품별 표준원가를 각각 따로 산출하면 관리가 복잡해지고, 같은 공정임에도 불필요하게 반복 계산을 해야 하는 문제가 발생한다.

이러한 비효율을 줄이기 위해서는 기본 단위(g·ml당 원가)로 환산해 관리하는 방식이 필요하다. 즉, 동일 공정에서 생산되는 제품이라면 재료비, 인건비, 경비를 단위당 원가로 환산하고, 이후 용량이나 포장 단위별로 곱하여 계산하는 구조를 만드는 것이다. 이렇게 하면 공정이 동일한 제품은 하나의 단위 원가로 관리하면서, 포장재만 별도로 관리하면 된다.

실무적으로는 완제품의 기본 단위를 g 또는 ml 기준으로 설정하고, 포장 단위(예: 100ml, 300ml, 500ml)에 따라 원가를 계산하는 방식이다. 김치 역시 1kg 단위당 원가를 기준으로 산출한 뒤 5kg, 10kg 제품에는 단순히 곱해 적용하고, 추가되는 포장재만 별도로 반영하면 된다. 이를 통해 동일 제품의 다양한 용량·포장 단위를 효율적으로 관리할 수 있고, 가격 책정이나 납품 단가 협의 시에도 명확한 근거 자료로 활용할 수 있다.

원가 시뮬레이션으로 단가 인하에 선제 대응하기

식품기업은 시장 상황에 따라 판매 단가 인하 압박을 받는 경우가 많다. 원재료 가격 상승, 경쟁사 저가 공세, 유통 채널의 단가 협상 요구 등은 모두 기업 수익성에 직접적인 영향을 준다. 이런 상황에서 사전에 원가 구조를 분석하고, 판매 단가 하락에 대응할 수 있는 시뮬레이션을 마련하는 것은 매우 중요하다.

시뮬레이션은 원재료 단가만 바꿔 보는 수준이 아니라, 제조원가를 구성하는 여러 핵심 변수를 동시에 고려해야 한다. 예를 들어 원부자재 단가, 비가동률, 임율(시간당 인건비), 경비율(시간당 경비), 수율(투입 대비 최종 판매 가능 수량), 투입 인원, 작업 시간 등이 모두 주요 변수다. 이 중 하나만 바뀌어도 단위당 제조원가가 달라지고, 판가 하락 시 손익에 미치는 영향 역시 크게 달라진다.

실무적으로는 엑셀을 활용해 각 변수를 별도의 입력값으로 두고, 조건을 변경하면 자동으로 제조원가와 손익이 재계산되도록 설계한다. 예를 들어 고춧가루 단가를 10% 인상으로 입력하면 김치 1kg당 원가가 얼마 오르는지 즉시 확인할 수 있고, 비가동률을 20%에서 15%로 줄였을 때 가공비 절감 효과가 얼마나 되는지도 동시에 산출할 수 있다.

이와 같은 시뮬레이션을 운영하면 기업은 판가 인하 요구가 들어왔을 때 손익 임계점을 빠르게 파악할 수 있다. 즉, 몇 퍼센트까지 판가를 낮출 수 있는지, 또는 비용 절감을 통해 어느 수준까지 대응 가능한지를 미리 검토할 수 있다. 이는 단순 원가 계산을 넘어 기업의 가격 전략과 협상력을 강화하는 핵심 도구가 된다.

투자 효과와 회수 기간을 함께 시뮬레이션하기

식품기업은 생산 효율성을 높이고 원가를 절감하기 위해 설비 투자나 자동화 장비 도입을 검토하는 경우가 많다. 하지만 새로운 설비가 실제로 원가 절감 효과를 가져오고, 얼마 만에 투자비를 회수할 수 있는지는 사전에 면밀히 검토해야 한다. 투자 의사 결정이 단순히 도입 필요성만으로 이루어진다면, 장기적으로 원가 부담을 줄이는 대신 오히려 고정비 부담을 키울 수 있기 때문이다.

이때 필요한 것이 투자 효과 분석과 회수 시뮬레이션이다. 투자 금액, 예상 절감액, 유지 보수 비용 등을 변수로 두고, 투자 회수 기간을 계산하여 경영 판단에 반영한다. 예를 들어 자동 절임 설비를 5억 원에 도입했을 때 연간 인건비 절감액이 1억 원이고, 유지 보수 비용이 2천만 원이라면, 연간 순효과는 8천만 원이다. 이 경우 투자 회수 기간은 5억 ÷ 0.8억 = 약 6.25년으로 산출된다.

　반대로, 목표 회수 기간을 정해 두고 투자 가능 금액을 산출하는 방법도 있다. 예를 들어 생산 라인에서 투입 인원 3명을 줄일 수 있다면, 연간 인건비 절감액은 약 1억 2천만 원(1인당 연 4천만 원 가정)이다. 만약 2년 이내 투자비 회수를 목표로 한다면, 1억 2천만 원 × 2년 = 2억 4천만 원이 투자 상한선이 된다. 즉, 설비 도입 비용이 2억 4천만 원을 넘는다면 2년 내 회수가 불가능하므로 투자 우선순위에서 재검토해야 한다는 의미다.

　이러한 방식으로 회수 기간과 투자 한도를 함께 시뮬레이션하면, 단순히 투자 타당성을 확인하는 차원을 넘어 투자 우선순위 설정과 장기 원가 전략 수립의 근거 자료로 활용할 수 있다. 기업은 이를 통해 "어떤 설비를 언제 도입해야 가장 효과적으로 비용을 절감할 수 있는가"를 객관적으로 판단할 수 있다.

표준원가와 실제원가 비교로 원가 차이 원인 찾기

　식품기업에서는 제품 단가를 관리할 때 보통 표준원가를 기준으로 운영한다. 표준원가는 계획된 조건(원재료 단가, 수율, 작업 시간, 인건비, 경비율 등)에 따라 계산된 값으로, 생산성과 수익성을 관리하는 기준점이 된다. 그러나 실제 현장에서는 원재료 소요량이 늘어나거나, 작업 시간이 지연되거나, 불량률이 높아지는 등 다양한 이유로 실제원가가 표준원가와 달라지는 경우가 많다. 이 차이를 제대로 관리하지 못하면 원가 상승의 원인을 파악하기 어렵고, 경영진은 잘못된 수익성 판단을 내릴 수 있다.

이 문제를 해결하기 위해서는 표준원가와 실제원가를 정기적으로 비교 관리하는 체계가 필요하다. 표준원가는 목표치이자 기준선으로 두고, 실제원가는 월별 또는 분기별 실적 데이터를 반영하여 계산한다. 두 수치를 나란히 비교하면, 계획 대비 초과된 원가가 어떤 요인에서 발생했는지 확인할 수 있다.

실무적으로는 제품별로 표준원가와 실제원가를 비교하는 표를 만들고, 차이를 재료비·인건비·경비·포장비 등 항목별로 나누어 관리한다. 예를 들어 김치 1kg의 표준원가가 7,300원인데, 실제원가가 7,800원이라면 500원의 차이가 생긴 것이다. 이때 항목별로 확인했을 때 원재료 소요량 증가가 300원, 작업 시간 증가가 150원, 불량률 증가가 50원에 해당한다면, 원가 상승의 원인이 어디에서 비롯되었는지를 명확히 알 수 있다.

이와 같은 비교 관리를 통해 기업은 원가 차이가 발생했을 때 즉각적으로 개선 조치를 취할 수 있고, 장기적으로는 표준원가의 현실성을 주기적으로 검토하고 보정하는 데에도 도움이 된다. 결국 표준원가 vs 실제원가 비교 관리는 단순한 차이 확인이 아니라 비효율을 찾아내고, 개선으로 연결하는 관리 도구로서 의미가 있다.

📟 레시피 변경 시 자동 반영되는 원가 구조 만들기

식품기업은 다양한 제품군을 동시에 운영한다. 김치, 반찬류, 소스류처럼 품목이 많아지면 원가 계산도 복잡해지고, 각 제품마다 시트 구조가 제각각이라면 관리 효율성이 급격히 떨어진다. 특히 레시피 변경이 자주 일어나는 업종에서는 원재료 사용량이나 배합 비율이 조금만 바뀌어도 해당 제품의 표준원가를 다시 산출해야 하므로, 시트 구조가 표준화되어 있지 않으면 누락이나 오류가 발생하기 쉽다.

이 문제를 줄이기 위해서는 제품군·레시피별로 동일한 양식의 원가 시트를 구조화하는 것이 필요하다. 제품군 단위로 템플릿을 만들어 두고, 제품별 레시피만 바꾸면 자동으로 원가가 계산되도록 설계하는 방식이다. 이렇게 하면 레시피 변경 시에도 소요량이나 단가를 수정하는 것만으로 표준원가가 즉시 업데이트된다.

실무적으로는 각 제품군(예: 김치류, 장류, 소스류)에 맞는 표준 양식을 만들고, 원재료 코드, 소요량, 단가, 재료비, 가공비, 포장비, 합계 등의 항목을 동일하게 배치한다. 동일한 구조를 사용하면 제품군 전체를 비교하거나, 제품 간 원가를 교차 분석할 때도 손쉽게 데이터를 집계할 수 있다. 또한 레시피 변경 시 원재료 투입량만 조정하면 사동으로 개당 제조원가가 반영되므로 관리의 일관성과 정확성이 높아진다.

이와 같은 시트 구조화는 원가 계산의 효율성을 높이는 동시에, 담당자가 바뀌어도 동일한 양식으로 관리할 수 있게 해 준다. 결국 이는 원가 관리의 표준화와 데이터 품질 제고로 이어져, 식품기업이 원가를 체계적으로 운영하는 기반을 마련한다.

공정별 작업 효율을 원가와 연계해 관리하기

　식품기업의 생산 현장에서는 동일한 제품이라도 라인별·공정별로 작업 효율이 달라지는 경우가 많다. 어떤 라인은 작업자의 숙련도나 설비 상태가 좋아서 계획된 시간보다 빨리 끝내지만, 다른 라인은 비가동 시간이 늘어나거나 작업이 지연되어 실제 소요 시간이 길어질 수 있다. 이 차이는 그대로 가공비와 경비 차이로 이어지며, 결국 단위당 원가에도 영향을 준다. 하지만 많은 기업들이 공정 효율 차이를 원가와 직접적으로 연계하지 못해, 어디서 비용이 더 발생하는지 파악하기 어려워한다.

　이 문제를 해결하기 위해서는 공정 효율 데이터를 원가와 연계해 관리해야 한다. 즉, 공정별 작업 시간, 투입 인원, 비가동률 데이터를 기반으로 인건비와 경비를 다시 계산하고, 표준값과 비교하는 체계를 갖추는 것이다. 이를 통해 어떤 라인이나 공정이 비효율적인지를 원가 수치로 명확히 확인할 수 있다.

　실무적으로는 공정별 효율(예: 작업 시간 단축률, 비가동률 개선률)을 정기적으로 집계하고, 이를 인건비·경비 산출식에 반영한다. 예를 들어 A 라인은 김치 100kg 생산에 300분이 소요되고, B 라인은 280분이 소요된다면, B 라인의 단위당 가공비는 더 낮게 산출된다. 이 차이를 수치화하면, 어떤 라인에 추가 물량을 배정해야 비용을 절감할 수 있는지 의사 결정에 활용할 수 있다.

　공정 효율 분석과 원가 연계를 통해 기업은 단순히 생산성을 높이는 차원을 넘어, 효율 개선이 원가 절감으로 어떻게 연결되는지를 명확히 보여 줄 수 있다. 이는 생산 현장과 경영진 간의 공통 언어가 되어 효율화 활동의 결과가 수치로 입증되고, 원가 관리 체계 속에 반영되는 효과를 낸다.

주문량별 생산 효율을 판가 전략으로 연결하기

식품기업은 동일한 제품이라도 주문량 규모에 따라 단위당 원가와 수익성이 달라진다. 예를 들어 포기김치 100kg을 주문받아 생산할 때와 200kg을 주문받아 생산할 때, 원재료비는 단위당 차이가 거의 없지만 가공비와 경비는 투입 인력, 설비 가동 효율, 비가동 시간 분산 효과 등에 따라 달라진다. 그 결과 소량 주문 제품은 단위당 원가가 높아지고, 대량 주문 제품은 단위당 원가가 낮아지는 구조가 된다. 이 차이를 반영하지 않고 단일 판가를 적용하면 소량 주문에서는 손실이 발생하고, 대량 주문에서는 가격 경쟁력을 잃을 수 있다.

이 문제를 해결하기 위해서는 주문량에 따른 생산성 변화와 단위당 원가 차이를 시뮬레이션하고, 그 결과를 판가에 반영하는 전략이 필요하다. 즉, 대물량·중물량·소물량 구간별로 단위당 원가를 계산하고, 각 구간에 맞는 판가를 설정하는 방식이다.

실무적으로는 주문량이 늘어나더라도 작업 시간이 단순히 비례적으로 증가하지 않는다는 점을 고려해야 한다. 예를 들어 100kg 생산에 2시간이 걸린다고 해서 200kg 생산이 4시간이 걸리지는 않는다. 실제로는 설비 준비, 공정 전환, 비가동 시간이 물량이 늘어날수록 상대적으로 줄어들기 때문에, 200kg 생산은 3.5시간 정도로 끝날 수 있다. 이런 생산성 향상 효과를 반영하면, 단위당 가공비가 100kg 생산 대비 더 낮아지는 것을 확인할 수 있다.

예를 들어 동일한 인원 2명이 투입된다고 가정했을 때,

- 100kg 생산: 2시간 × 2명 = 4공수 → 단위당 0.04공수
- 200kg 생산: 3.5시간 × 2명 = 7공수 → 단위당 0.035공수

이 경우, 200kg 생산은 100kg 생산보다 단위당 가공비가 약 12.5% 절감된다. 이런 데이터를 기반으로, 기업은 대량 주문에는 가격 경쟁력을 확보할 수 있도록 단가를 낮추고, 소량 주문에는 원가 상승 요인을 반영해 프리미엄 단가를 책정하는 합리적인 판가 체계를 구축할 수 있다.

이 전략은 단순히 원가 차이를 설명하는 데서 끝나는 것이 아니라, 거래처 협상과 판매 전략 수립에 활용할 수 있는 실질적인 근거가 된다. 기업은 "왜 소량 주문 단가는 높고, 대량 주문 단가는 낮아질 수밖에 없는지"를 수치로 입증할 수 있으며, 이를 통해 고객과의 협상에서도 신뢰를 확보할 수 있다.

공정별 단위 원가를 조합해 제품 원가 관리하기

식품기업은 동일한 원재료를 사용하지만 공정이 달라져서 다양한 제품을 생산하는 경우가 많다. 예를 들어 오리 가공식품의 경우, 발골까지만 해서 순살 오리로 판매할 수도 있고, 훈연 공정을 추가

해 훈제 오리로 판매할 수도 있으며, 여기에 슬라이스 공정을 더해 슬라이스 훈제 오리로 판매할 수도 있다. 이처럼 제품별로 원가를 각각 산출하려 하면 관리가 복잡해지고, 공정이 늘어날수록 계산량도 급격히 늘어나게 된다.

이 문제를 해결하기 위해서는 공정 단위로 표준원가를 설정하고, 이를 조합하는 방식으로 제품별 원가를 산출하는 관리 체계가 필요하다. 즉, 제품 단위가 아니라 공정 단위별로 필요한 인건비·경비를 표준화해 두고, 제품 원가는 해당 공정들의 조합으로 계산하는 것이다.

실무적으로는 각 공정(예: 발골, 훈연, 슬라이스)에 대해 공정별 단위 원가를 먼저 산출한다.

- 발골: 100원/kg
- 훈연: 120원/kg
- 슬라이스: 150원/kg

이후 제품별 원가는 원재료비에 해당 공정 원가를 조합해 산출한다.

- 순살 오리 = 원재료 + 발골
- 훈제 오리 = 원재료 + 발골 + 훈연
- 슬라이스 훈제 오리 = 원재료 + 발골 + 훈연 + 슬라이스

이 방식으로 관리하면 제품별 원가를 일일이 다시 계산할 필요가

없고, 공정별 원가를 수정하면 이를 사용하는 모든 제품의 원가가 자동으로 반영된다.

이러한 공정별 표준원가 조합 관리는 원가 산출 효율성을 높일 뿐 아니라, 공정 개선의 효과를 제품 전체에 확산시킬 수 있다. 예를 들어 훈연 공정에서 효율 개선으로 단위당 가공비가 120원에서 100원으로 줄어들면, 훈연을 포함하는 모든 제품의 원가가 동시에 낮아진다. 결국 이는 제품 원가 관리의 일관성과 확장성을 확보하는 중요한 관리 방식이 된다.

이 책은 식품기업, 그중에서도 특히 중소기업을 위해 쓰였다. 대기업은 전산 시스템과 전문 인력을 통해 정밀한 원가 관리를 할 수 있지만, 중소기업은 현실적으로 인력과 자원이 부족하다. 그래서 원가 계산을 중요하게 생각하면서도, 복잡하고 어렵다는 이유로 시작조차 하지 못하는 경우가 많다.

이 책에서 다룬 내용은 그런 기업들을 위한 출발점이다. 재료비, 가공비, 포장비를 단계별로 산출하고 이를 합산해 제조원가를 집계하는 기본 절차를 사례와 함께 정리했다. 또한 원부자재 단가 자동화, 단위당 환산 관리, 시뮬레이션, 판가 차등화, 공정 조합 관리 등 현장에서 실제로 활용할 수 있는 응용 포인트도 소개했다.

중요한 것은 완벽한 정확성을 처음부터 목표로 하는 것이 아니다. 쉽게 관리할 수 있는 방법으로 시작해, 점차 정확성을 높여 가는 것이 더 현실적이다. 이 책에서 제시한 방식은 중소기업도 부담

없이 도입할 수 있도록 단순하면서도 실용적으로 구성되었다.

식품기업 제품의 특성은 매우 다양하다. 따라서 이 책에서 다루는 방식이 독자 여러분 회사의 상황과 꼭 같을 수는 없다. 중요한 것은 개념을 정확히 이해하고, 이를 각 회사의 특성에 맞게 변형해 적용하는 것이다. 아무리 큰 대기업이라도 원가를 100% 정확하게 산출할 수는 없다. 모든 기업은 나름대로의 기준을 세우고, 실제로 발생한 원가와 비교하면서 표준원가와 실제 원가의 차이를 줄이는 활동을 하고 있을 뿐이다.

따라서 이 책의 모든 내용을 한 번에 적용할 필요는 없다. 읽는 과정에서 "우리 회사에도 필요하겠다"라고 공감된 부분이 있다면 그 부분부터 당장 시작해 보길 바란다. 중요한 것은 작은 관리라도 지금 시작하는 것이다. 그 작은 실천이 결국 회사의 수익성과 경쟁력을 바꾸는 힘이 될 것이다.